小书大智慧管理丛书

90条
智慧管理箴言

THE LITTLE BOOK
OF BIG
MANAGEMENT
WISDOM

[英] 詹姆斯·麦克格拉斯（James McGrath）—著　　　柳菁—译

U0784041

湖南科学技术出版社

致塔卢拉与芬巴

前　言

这本书与理论或模型无关，主要探讨一些持之有故的管理者们给出的实用管理箴言。理论与模型的重要性毋庸置疑，它们能够开拓管理者的思维，使他们接受各种各样的新想法与新思路。但是在这些理论及模型广为人知之前，一些由亨利·福特这样的著名管理者及林肯这样的著名政治家所说的至理名言早已深入人心。这些语录抓住了商业管理的最根本核心。之后，许多管理者、领导者及评论家都为此管理学智慧宝库添砖加瓦。本书探讨了其中90条堪称智慧结晶的箴言，并讲解了在实际操作中运用其内涵的方法。

关于所选箴言

难以避免的一点是，我在选择箴言时肯定会带有一些个人偏好。但是请相信，我已经尽可能将这方面的影响降到最低，否则你可能会在本书中读到90条彼得·德鲁克的箴言。本书所选取的所有箴言，均要达到以下要求：

■ 来源于知名人士，通常情况下是知名管理者、企业家、管理学专家、军队或政府领导者。

■ 来源于拥有管理学领域多年科研或工作经验的人。

■ 符合当今管理者的需求。

■ 对当今忙碌的管理者具有足够深刻或全面的意义。

本书旨在选出一系列既有趣又实用的管理学箴言。不要因为一些箴言年代久远就望而却步，要知道许多哲理早在科技革命前就已存在，人性可谓亘古不变。

本书的价值所在

- 拓展并深化你对一系列管理问题的理解。
- 更好地帮助你了解自己对生活和工作的态度。
- 帮助你找出能够激发你和员工工作积极性的因素。
- 使你对大量实际管理问题有所了解，这是许多理论与模型未能涉及的内容。
- 提升你的管理效力。
- 为你奠定升职之路，增强你的盈利能力。

长话短说

据我所知，管理者们大多都很忙碌，没有时间从字里行间汲取核心信息。因此，本书没有过多讨论每条箴言的深层含义，而是将其中一些不重要的信息剔除，留下最提纲挈领的部分，即本书中的这90堂管理智慧课。若能准确理解并合理运用这些内容，你的管理能力将大幅提升。

其中，82条箴言所占篇幅为每条一到两页，第十一章中的8条箴言每条内容只有大半页。这意味着你只需要花不到5分钟时间就能读完、理解并掌握每条箴言的内容与用法。你只需再给自己一些决心和信心，便可一试身手。

我只在一个方面背离了简约性这一原则。考虑到各位管理者把本书从头至尾读完的可能性不大，更多可能只是随便翻阅一下，所以有些重要内容我必须反复强调，比如"了解并理解你的员工"。

本书既适用于各层级的管理者，也适用于任何想成为管理者的人。因资历与经验不同，每个人在本书中的获益也不同。一些看似与初级管理者无关的建议也许会为中高层管理者打开全新的思路。那些渴望在 30 岁之前进入董事会的雄心勃勃的年轻管理者们，也会发现本书能够提升他们在遇到问题时的思考与分析能力。

内容安排

本书共有十一章。在这类书籍中，有些箴言可能会在多个章节多次出现，这一点难以避免。所以不要认为每条箴言仅适用于单一领域。比如，德鲁克的"你需要发展并维系客户"这一观点在第一章《成功的企业管理》中出现过，同时也被纳入第十章《将客户发展为伙伴》中。

每条箴言由四个部分组成：

- 该箴言所适用的时机。
- 该箴言的内容与作者的简要评价。
- 如何通过该箴言提升专业的管理实践能力。
- 由该箴言得出的可以自省的问题。

为了使一些箴言表意更为清晰，我做了些必要补充，补充内容全部用括号表示。

在前十章的每一章中，我都精挑细选出一条可纳入"十大管理学箴言"的内容，目的是让每位管理者能一眼找出这十条举足轻重的观点并将它们牢记于心。但是，我也希望这张十大箴言清单能鼓励你找到自己最喜欢的内容，同时引发你对于哪十条箴言最适合你的思考。

最后，祝大家事业有成，也希望大家能喜欢这本书。

詹姆斯·麦格拉斯

2016 年 7 月

如何充分利用本书

如果很认真地考虑要尝试应用本书中的部分箴言，我建议你先快速通读整本书。在对整本书的内容有大致了解后，再去找寻自己的问题，选取你认为最能解决问题的箴言。接着，再次阅读相关箴言，实践其中推荐的方法。你不用照搬每条箴言中的所有建议。为了更好地满足你独特的需求，你可以将不同箴言的内容进行有机结合。这样一种集修正、融合及匹配于一体的方法才是本书的正确用法。

为了增加你的收获，阅读时请做注释，标注出哪些是不用调整就能直接使用的箴言，哪些是需要经过调整或组合才能使用的箴言。

当你真正实践过某个想法后，简要记录下你的实践结果；倘若下次再遇到类似情况，你会在使用中做出哪些调整；有哪些想法是你本来打算采用但最终没有采用的。通过对你的成功或失败进行反思，你将在自己的大脑中植入今后能够信手拈来的知识体系。只要坚持这么做，这本书很快就会成为一本你可以经常参考的学习笔记。对于不喜欢或不赞同的观点，你大可拒绝。但在拒绝前，请弄清你不喜欢的理由。如果是因为你之前尝试过类似的方法但效果不佳的话，请再问自己一个问题："是概念本身有问题，还是我的操作方法有问题？"

目　录

第三章　员工管理与团队管理

第十一章　博采众长

第一章

成功的企业管理

简介

本书的目标读者为所有管理者及渴望成为管理者的人。你们中的许多人也许会因为自己不需要经营公司而跳过本章，这是个非常错误的决定。作为初、中级管理者，需要你管理的是团队、部门或科室，这些都是你的企业。本章内容既适用于部门及科室管理，也同样适用于经营整个公司。例如，你所在的部门或科室可能会对公司造成现金流问题（详见箴言 4）或者难以控制成本的问题（详见箴言 5）。

本章箴言分为三类：

- 箴言 1、2 讲解企业想要成功的重要前提，即客户与竞争优势。
- 箴言 3~8 阐述经营公司的基本原则。
- 箴言 9、10 分析导致公司业绩下滑或失败的原因，并提出降低此类风险的方法。

本章部分箴言将讨论与客户有关的内容。许多管理者声称他们并没有需要服务的客户。他们的原话是："我只是会计经理或采购经理，我并不负责销售。"这段话忽略了至关重要的一点——即便你的工作仅仅是为同事提供内部服务，也并不代表你没有客户。那些接收你的信息，或使用你所采购的物料的同事就是你的客户，你需要像对待客户一样对待他们。特别重要的一点是，相比于外部客户，你的同事们在公司里接触高层的概率更大。因此，除非你想让别人把与你有关的怨言与批评迅速传到老板耳朵里，否则你最好将同事视为宝贵的客户。

最后，值得牢记的一点是，如果你做这份工作只是为了赚钱，那么你的前景也许不大乐观。真正能赚大钱的是那些热爱工作，并愿意对自己进行投资，从而使自己不断获得竞争力的人。

箴言 1　彼得·德鲁克：为什么客户比利润更重要（十大箴言之一）

> 这条箴言旨在帮助大家在任何工作中关注最重要的一点——客户。

如果你问别人创建公司的首要目的是什么，大多数人都会提到以下两点之一："获得利润"或"使利润最大化"。彼得·德鲁克（Peter Drucker，1909—2005）挑战了这个观点。也许，他就是唯一一个从真正意义上创立了管理学的天才。他指出：

"一家公司存在的意义是要创造（并留住）客户。"

抛开"想要赢得客户的心并且留住他们"的必要性来看，这句话依然适用于那些将客户及客户投诉视为干扰因素的公司。事实上，只有两类公司能够在无视客户的情况下欣欣向荣——医药公司与足球俱乐部。

学以致用

■ 除非你真的已经这么做了，否则赶紧调整思路。别只盯着利润不放了，开始思考下怎样才能改善你为客户提供的服务。客户满意，他会把你介绍给其他朋友；客户不满意，他会把他的不满告诉所有人。

■ 将现有客户视为宝贵的资产，而不是"大麻烦"。

■ 告诉你的所有员工，让他们认识到客户是公司最宝贵的资产，让他们认真对待每一位客户。无论那名员工是负责账目的会计，还是推销新产品的销售，这条原则都适用。

■ 客户更换供应商的主要原因是他们感到自己被怠慢了或被

盘剥了。如果你想不断给新客户提供比现有客户更加物美价廉的服务，这也并不意外。但是没有人愿意被利用。无论你的市场团队怎样跟你强调扩大市场份额的重要性，给现有客户的服务永远要比给新客户的好。

■ 与客户保持联系。你可以通过邮件、电话、社交软件或亲自上门拜访的方式来促进并保持你们的友好关系。在这种场合下不要销售任何产品，只需要努力营造一种值得信赖的关系即可。

■ 只要你言出必行，信任便可以建立。就算会有损失，也不能做昧良心的买卖，更不要食言。如果你没能履行自己的承诺，你将失去别人的信任，也很有可能失去他们的光顾。

■ 真诚地对待客户。如果交易中产生了问题，或者有些耽搁，一定告知客户。如果你无法回答某个问题，不要胡编乱造，对客户实话实说，同时告诉客户你会尽快弄清楚再答复他们。

■ 认真聆听客户的想法。通过客户的反馈来完善现有产品，将他们的反馈视为研发新品或升级产品的重要思路。

■ 特别关注客户对同行的评价，避免犯同行犯过的错误，同时毫不犹豫地借鉴同行好的想法与做法。尤其不能放过同行研发新品或升级产品的任何灵感，用这些灵感来补给自己的公司。

■ 通过为优质客户提供更高的折扣、更好的付款条件，也可以通过提供特别优待和邀请他们参加特殊活动的方式来犒赏他们，这将能够有效提升客户的忠诚度与消费意愿。

问题反思

■ 我上一次单纯就如何能够提升客户服务致电客户或与客户见面是什么时候？

■ 客户在与我们首次接触时产生的不满，后来被我们解决了多少？

箴言 2　杰克·韦尔奇：竞争优势的必要性

> 这条箴言旨在帮助大家判断公司是否具备成功的可能性。

杰克·韦尔奇（Jack Welch，1935—　）于 1981—2001 年担任美国通用电气的首席执行官，获得了巨大的成功。他为那些准备开拓新领域或要创建新公司的企业家及执行官给出了如下建议：

"如果你不具备竞争优势，便不要参与竞争。"

管理者在判断自己公司的竞争优势和竞争劣势方面往往表现欠佳。总的来说，资历越深的人，越容易变得短视，但这个问题在整个组织都普遍存在。比如，我参与过的每一项情势分析（SWOT 分析）都声称组织的重大优势之一是"拥有一支训练精良、尽心竭力的团队"。这个说法也许没错，但是，除非你的员工比你对手的更加优秀，否则这一点并不能成为你的竞争优势，最多说明你和对手是在平等竞争。

图中哪一方拥有竞争优势？

学以致用

■ 首先，我们需要弄清楚：公司目前有哪些竞争优势？如果对公司的现有业务做出调整，又能够取得哪些竞争优势？除非公司规模很小，否则你不可能独自完成这项工作。因此，建议你从公司不同层级、不同部门抽调人手，组建一个小团队。

■　不要组建一支纯粹由管理者组成的团队，团队里应该有一些真正接触过客户、了解客户实际情况的聪明员工。

■　先不要透露你想要得到什么样的新产品或哪种类型的新业务，让团队去辨识公司目前有哪些优势，尽可能多地汲取新想法。接着，把所有点子在便利贴上列出，进行分类后贴在墙上。想法清单列好后，让大家对新产品或新想法进行讨论，划去那些对新业务或新产品毫无帮助的优势。接着，让团队成员找出尚未列入清单的、对新业务或新产品特别有用的优势。最后，你将获得一张你（公司）的优势清单。

■　但这并不意味着这些优势能够成为你的竞争优势。你需要让其中每一条优势去与最强劲的对手过招。比如，你找出了可能是竞争优势的点——价格、质量、品牌知名度、先进的科技或出众的客户服务，然后将这些点与被称为业内标杆的竞争者进行比较（详见箴言82）。

■　你不需要在每个领域都拥有竞争优势，但应当在你能够开发的一两个领域中占据优势。比如，苹果公司在产品设计与品牌形象方面具有绝对的竞争优势，少有公司能够与之抗衡。

■　小公司一般凭借速度、个人关注度与成本优势参与竞争。

■　如果你拥有一款全新的产品，问题是：你能否为它制定出使消费者愿意掏腰包的价格？

问题反思

■　你愿意投入多少成本来设计新产品或拓展新业务？

■　你（公司）的已有竞争优势的地位稳固吗？会不会被竞争对手赶超？

箴言 3　马文·鲍尔：为什么组织越来越强调凝聚力却越来越淡化等级制度

> 这条箴言旨在帮助大家打破等级体系，提升公司的凝聚力。

马文·鲍尔（Marvin Bower，1903—2003）是美国商业理论家，管理咨询师，麦肯锡咨询公司的首席执行官。为了提升公司业绩，他提出：

"我们需要的不是等级制度，而是更多的凝聚力，以及领导者关系网。"

也许有人会说，20世纪80年代末到90年代向扁平化结构靠近减少了许多公司内部的管理层级。但是，这并不意味着与40年前相比，公司内部的等级制度也变弱了。权力与监管依然流向顶层，顶层一系列单调的指令、指标和目标使员工失去动力，而非充满活力——完成指标常常变得比好好工作或满足客户更为重要。

学以致用

■ 应当设法扩增公司内正式或非正式的领导阶层，以此来增加凝聚力。与管理者不同的是，领导阶层不需要通过职位权力来发挥影响力。员工响应领导是因为他们信任领导，愿意响应他们的呼吁。这意味着从基层管理者到董事会成员，组织的各个层级都应普遍存在这样的领导。

■ 找出谁是你公司的员工在正式和非正式领导阶层都指望的

人。在任何一间办公室或车间里，都会有一个或几个员工愿意向其寻求建议或指导的人。他们也许是员工，也许是监督人，或者也可能是管理者。通过这些人，你便能获得更大的凝聚力与协作精神，这个过程并不需要通过被选出的少数人发挥等级权力来实现。

■ 通过使用以下扁平化领导的类型来决定给这些被发掘的员工移交权力的多少：

——权力指派（Delegated）：保留最终权力，但在指派权力前，检验这个人是否愿意并能够承担这项指定的工作，并在有需要时提供支持（详见箴言51）。

——权力分配（Distributed）：将权力分配给那些已经在公司拥有正式管理职位的人，建议他们去鼓励而不是去扼杀这样的通力协作与协同工作。

——在现有体系内保持民主：征求其他人的意见，鼓励通力协作与共同决策。

——在挑战现有体系时保持民主：允许公司内被提名的领导对现有权力体系与权力实践发起挑战，并承担改变这些问题的责任。

——权力分散：鼓励在你的计划或任命外，以非正式及自愿的方式产生新的领导。

■ 在寻求扁平化领导时，在合理范围内满足员工想要为自己的工作负责及以他们认为恰当的方式工作的愿望。

■ 事实上，你需要鼓励管理者和员工对工作更负责，促进他们与同事和管理层之间的交流，使他们与自己的团队和部门更好地协作。

■ 鼓励扁平化领导与推脱责任不是一回事。你依然需要了解自己部门或公司的现状，在必要的时候参与进来。但是，如果你遵循了沃伦·巴菲特有关员工雇佣的建议（详见箴言 25），这种问题将很少发生。

问题反思

■ 我公司的企业文化是否考虑到了扁平化领导？如果没有，我能否改变公司这种文化？（详见箴言 63）

■ 扁平化领导这个概念让我感觉舒服吗？我有哪些顾虑？

箴言 4　哈罗德·杰宁：为什么现金为王

> 这条箴言旨在提醒大家：现金流比任何利润都重要。

哈罗德·杰宁（Harold Geneen，1910—1997）曾是国际电话电报公司的总裁。在他持久而卓越的职业生涯中，他逐渐意识到现金对每家公司至关重要：

"生意场上唯一不能原谅的错误就是现金短缺。"

没有搞懂现金与利润之间的区别的经验丰富的经理人数量非常多，多得甚至令人咋舌。把钱存在银行里但却依然蒙受损失的情况大有可能存在。反过来，只有很少量的现金也有可能获得极高的利润。

比如，某家公司的销售额突飞猛进地增长。但是，如果这家公司每30天给供应商结一次款，而顾客需要额外再花50天才能付款，现金很快就会耗尽，最终公司会因为过度经营导致无力偿还债务。

当一家公司在债务到期却没有足够现金还款时，就会出现无力偿还债务的情况。当公司在等待一笔大额付款时，这也许是仅持续几天或几周的暂时的情况。这种状况下，你也许还有可能通过向银行贷款或透支来过渡。或者，这也可能被视为公司走下坡路的早期信号。在无力偿还债务的状况下继续经营是违法行为。这就是现金为什么是、也永远是王的原因。

学以致用

■ 持续关注无力偿还债务的迹象：如供应商向你抱怨他们尚未收到货款或货款交付延期，延期采购重要货物或材料。当然，最能说明问题的是拖欠工资。

■ 坚持让会计提供现金流报告，至少每月一次，该报告将反映未来三个月的现金流状况。要知道，首月数据可能相对准确，后两个月数据的准确性将有所下降。

■ 如果你正在遭遇现金流问题，坚持让会计提供未来 12 周的现金流周报。

■ 仅查看报告不会改变现金流的状况，你需要采取正确的措施。与会计，负责销售、采购及负责信贷管控的员工一起找出问题所在，亡羊补牢。

■ 查看逾期应收款列表。针对已超出正常合同条款或经客户协商延期的债务制定收债策略。

■ 可能意味着有问题的现象包括：

——允许向付款速度慢及（或）征信不良的客户进行销售。

——提供给客户不可持续的信贷条件，例如，延长付款期限。假如延期 60 天能帮某个重要客户摆脱困境，虽然这种事千载难逢，但如果你需要在 30 天内向你的债务人付款，便不能把提供慷慨的条件当成一种策略。

——在无法为管理者提供应收账款报告的前提下，要求他们采取正确的措施。这意味着在某个客户没能清账之前，你需要拒绝为他供货。

——发货当天无法立即开具发票。

问题反思

■ 我是否把现金流问题只看成一件该由会计全权负责的工作？

■ 我是否明白会计的行为将对我的客户或供货商带来怎样的影响？

箴言5　安德鲁·卡耐基：管好小钱的重要性

这条箴言旨在提醒大家控制成本的必要性。

有一句老话说："小钱管得好，大财自然来。"这句话被著名苏格兰裔美籍商人安德鲁·卡耐基（Andrew Carnegie，1835—1919）改为一句给管理者的话：

"成本管得好，利润自然来。"

利润　　　　　　　成本

今井正明的质量管理法也许是因关注细节而获得丰厚回报的最佳案例。他提出的精益改善模型指出，与其将产品的一个方面提升10%，管理者们不如尝试将产品的各个方面提升1%。这种全方位的提升将会比单方面提升的效果好出成千上万倍。

这个道理同样适用于支出方面。在1000项开支中各省100英镑要比在一项开支中节约10万英镑容易得多。

学以致用

■ 想要在支出方面应用精益改善型方法，你必须以身作则。这也意味着你应该言出必行。你的行为必须保持一致，实践方法时须表现出你的决心，哪怕有人立刻要求公司将培训费和广告费预算削减15%。长远来看，这种任意削减预算的方式将会损害公司的增长力。

■ 走出你的办公室，看看其他办公室和车间里正在发生着什么。这是一种四处走走看看的管理方法，并不需要仔细分析你所看到的一切。如果确实有必要对所见所闻进行分析，可以之后再做。这种方法的重点是观察员工到底在做什么。作为一个见多识广、耳聪目明的犀利观察者，你将看到许多令人觉得冗余或低效的事情，请将这些事记录下来。

■ 和员工聊天，而不是审问他们。问问他们目前面临哪些问题，以及他们是如何改善其过程与做法的。专门问问他们对如何降低成本有什么想法。询问时注意强调你感兴趣的只是降低成本，而不是裁员或缩减工作流程。

■ 回到办公室，将你的所见所闻列出来，然后与相关员工通力合作，找出能够真正省钱的地方。别太贪心。着眼于小而易操作的可节约之处，这将会产生速效，员工们也能看到在丝毫不影响人员配置或待遇的情况下，公司也能实现成本的缩减。

■ 能够发现好的建议，主动奖励提出好建议的员工。不要只利用员工的想法而不做任何表示。如果你这么做的话，员工的想法定将枯竭。你只需要获得由员工的想法带来的利润，这便足矣。

■ 这种方法绝不是一次性用完就算的。这是一个你必须致力于无限期实施的持续性过程。

■ 与相关员工至少分享部分节约出的成本。

■ 本方法的意外收获是员工将因此变得越来越有积极性，自己的想法得到采纳，将会令他们感到十分高兴（详见箴言45）。

问题反思

■ 我是否有毅力和自制力将这个做法长期推行下去？

■ 我工作中能省下的小钱在哪里？

箴言6 山姆·沃尔顿：为什么你应当对传统智慧置之不理

> 这条箴言旨在提醒大家：许多今天认可的传统智慧在过去看来都是较为激进的，而且很多都是没有经过实践的。

山姆·沃尔顿（Sam Walton，1918—1992）是美国著名商业大亨、企业家，他创立了零售业巨头沃尔玛。他坚持不按常理出牌，他的座右铭是：

"逆流而上，反其道而行之，将传统智慧抛之脑后。"

山姆·沃尔顿认为，通过逆流而上，有可能帮助我们认清哪些观点微不足道，哪些观点举足轻重。我们可以借此提升组织的实践能力及业绩。

学以致用

■ 产生新想法绝非易事。幸运的是，一种被称作"奔驰法"（SCAMPER）的技巧极为有用。选择3~6人的一个团队来帮助你搜寻新想法。团队成员最好在学科领域及业务水平上都有各不相同。

■ 第一次开会时，一定要跟大家解释清楚什么是"奔驰法"，告诉大家可以如何通过对某种已有产品、服务或过程进行提升性评估，以优化或替换其现有形式。

■ 在热身活动中，先让团队成员想出气球或叉子的至少20种不同功能。这两样东西都能产生令大家倍感轻松甚至捧腹大笑的有趣想法。不用说，人们在放松的状态下更有创造力。

■ 通过"奔驰法"搜寻新想法，并尝试提问自己——我们能否：

——替换（Substitute）：通过替换现有部件、机构或人员来优化产品。

——合并（Combine）：将产品中的一项或几项功能进行合并。通过重新配置现有人力资源及机构的方式来提升人们对产品及其功能的看法。

——调适（Adapt）：调节产品使其适用于不同环境。得益于电影《五十度灰》的巨大成功，手铐制造商们如今正在一个全新的市场中如鱼得水，他们需要做的只不过是给基础产品增加一个柔软的包装而已。

——改善（Modify）：改善产品的尺寸、形状、触觉、材质、气味或功能性。反思这样一个问题：我们能够通过提升哪项特点创造出更多的产品价值，使我们的产品看上去更具吸引力？

——另有他用（Find another use for the product）：你只需要想一想我们利用具有多重功能的基本生活用品的方式，比如一块砖或一根曲别针，就能意识到我们甚至对最常见的产品都未曾物尽其用。

——去除（Eliminate any elements）：将某一产品或过程的许多元素去除，或在不影响其效力或对客户的吸引力的前提下对其做出改变或简化。比如，手机制造商们现在意识到按键大、功能少的笨重老年机也有市场。

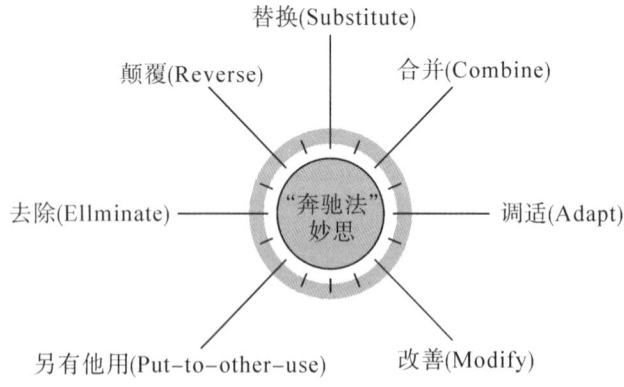

——颠覆（Reverse）：将如何制造或营销产品的固有观点进行颠覆。比如，罗伯茨收音机通过将数字音频收音机安装在复古风橱柜中大获成功。

■ 一旦发现一系列可能的变化后，从成本和收益的角度对每一项进行评估，如果这些变化看起来有利可图，先针对其实用性进行小规模测试。

■ 如果测试的结果不错，运用你最出类拔萃的高管思维来获得许可并着手实施，同时做好准备面对反对或批评的声音。

问题反思

■ 如果要将新产生的想法付诸实践，我需要谁的帮助？

■ 谁最可能反对这些新想法？我该如何做才能尽可能减少他们对决策者产生的影响？

箴言7　杰夫·贝佐斯：扩张公司的两种方法

> 当管理者开始为自己的团队或公司考虑成长战略时，这条箴言尤为适用。

杰夫·贝佐斯*（Jeff Bezos，1964—　）是亚马逊集团的总裁，他最初只是在自己的车库里经营亚马逊，并在不到25年的时间内将其发展壮大成为跨国电商帝国。因此，在如何发展一家公司方面，也许他的建议值得一听：

"有两种方法可用来扩张公司：①盘点你的优势所在，围绕核心技能向外延伸。②明确你的客户需求，然后反其道而行之，哪怕这意味着必须学习新技能。"

学以致用

■ 从本质上来看，任何想要扩张现有经营的决策都是需要精心筹划的战略性决策。所以，你需要复习第八章的内容，从中选择最适合你的情况的内容。

■ 要明白贝佐斯的建议并非二元选择。你可以将两方面进行结合。创业初期的你也许异常忙碌，因此你和你的员工都没有时间学习新技能。这意味着公司的成长必须是你现有技能的产出。

■ 将早期扩张时所付出的努力看作是磨砺团队现有技能的一次机会。寻求能够以现有业务为基础并将其进行提升的方法。从创业初期所犯的错误中得到经验教训，比如，超资历经营。不要

---

* 译者改：原书中贝佐斯的英文名是Bozos，经查证应为Bezos。

重蹈覆辙（详见箴言 5）。

■　如果你决定将扩张内容建立在客户需求上，请先确认什么是客户真正所想。很明显这是许多公司都未能做到的一点。即使你当面问客户他们想要什么，他们的描述和他们真正需要的东西之间依然存在差距。这也是个问题，许多人在亲眼见到实物前是不知道自己想要什么的。比如，盛田昭夫发明索尼随身听之前，便携式个人音响似乎并没有巨大的魅力。难怪许多公司关门大吉的原因是：他们提供的商品和服务是他们以为顾客需要的，而不是顾客真正想要的。

■　想找出客户实实在在想要的东西需要将专业市场调研与公司一线员工所掌握的信息进行结合。整天面对客户的销售代表及其他员工对客户的需求与好恶知之甚多。将这些人召集起来形成焦点小组，提出可供探讨和辩论的开放式问题。这样收集到的数据将比大多数市场调研能提供的丰富得多，但需要仔细分析。

■　一旦你确定客户所想，对每一位员工进行培训需求分析。首先，记录大家所拥有的技能，并了解该技能的掌握情况。将每个人所拥有的技能与成功实施扩张计划所需的技能与知识进行对比。二者间的不同之处便是你需要通过培训与发展来弥补的技能差距。

问题反思

■　我上次参加培训是什么时候，包括和员工一起参加的培训？

■　我将培训与发展看作对公司未来的一项投资还是一类额外增加的成本？

箴言 8 菲利普·科特勒：创造市场（商机）

> 这条箴言旨在帮助大家开拓新市场。

菲利普·科特勒（Philip Kotler，1931— ）是美国著名作家、咨询家，已出版超过 50 部市场营销相关著作。同时，他也是伊利诺伊州西北大学凯洛格商学院的国际市场营销学教授。他指出：

"优秀的公司迎合需求。伟大的公司创造市场。"

如何创造市场的经典案例来自于约翰·保罗·盖蒂。在汽车驾驶还是富人阶层的保留项目时，他在全美开设了一系列加油站，并因此家喻户晓。通过这一举措，他为现代汽车业的发展创造了条件，也顺理成章地为自己公司的原油提炼副产物——汽油——创造了市场。他是个不折不扣的天才！

学以致用

■ 阅读箴言 6，了解你能识别新产品或改良产品的方法，这些产品也许有助于你开发新市场。

■ 蓝海管理模型（Blue Ocean Model）区分了所谓的红海战略与蓝海战略之间的不同。这个模型不会告诉你如何去创造一个新市场或新产业，而是为你提供一种宝贵的思维方式，让你明白公司应当在竞争中如何定位，比如：

红海战略关注现有市场管理	蓝海战略关注新市场管理
■ 聚焦在现有市场竞争中立于不败之地 ■ 寻求将现有需求最大化	■ 寻求不存在竞争对手的新市场 ■ 寻求辨识度、创造力并利用新需求

续表

红海战略关注现有市场管理	蓝海战略关注新市场管理
■ 认为价格与成本间存在权衡关系，需要相应地进行战略匹配 ■ 认为蓝海战略全部与科技有关	■ 认为价格与成本间不存在权衡关系 ■ 认为蓝海战略不仅仅只关注新兴科技，也关注能够带来机遇的传统科技 ■ 围绕产品辨识度与低成本的观点将公司的文化、战略、进程与活动进行排列组合

■ 当考虑新市场时，你和你的董事会必须先确定行业标准：

——该标准是否可被忽略不计或直接去除？

——该标准是否应被降到目前公认的行业标准之下？

——该标准是否应被提高到目前公认的行业标准之上？

——该标准是否可在行业内首次创立并提供给客户？

■ 考虑以上问题时，重点是以顾客价值观为驱动来进行讨论，而不是讨论如何对抗竞争。在你的蓝海模型中，如果你的操作正确（至少一开始正确），应当是不存在竞争对手的。

■ 最开始时，应从风险最低的潜在市场着手。就算不在高风险区经营，你开拓潜在市场的行为已经足够冒险了。

■ 格局要大。

■ 忽略现有市场需求。你要寻找的是尚未被满足的需求，就像约翰·保罗·盖蒂一样。

■ 关注一个强大商业模型的建立，这将保证长久的赢利。尽可能详尽地将每项成本与现金流运作起来。

■ 为了减少反对的声音，在做规划时请员工参与，保证在任何时候你与员工都能保持良好的沟通（详见箴言 66）。

问题反思

■ 我是否能够承受尝试开拓全新市场带来的风险？

■ 在开始之前，我需要哪些人带我入门？

箴言 9　劳伦斯·J. 彼得：员工感到力不从心的原因

> 这条箴言旨在提醒大家对所有员工的工作表现进行回顾总结的必要性。

劳伦斯·J. 彼得（Laurence J. Peter，1919—1990）撰写了《彼得定律》一书。他是加拿大教育家、组织层级专家，组织内部结构与层级关系是他的兴趣所在。尽管他的工作常常被别人当作笑话，但他的研究内容实际上却蕴含着涉及组织层级实质的宝贵见解。其中最著名的一条是：

"在等级制度中，每位员工都想达到他能力极限之外的岗位。"

人们常常认为该定律是谬论，赞成该定律的言下之意是组织中所有的管理者都不合格，因此他们会很快被淘汰。这种解读是错误的。彼得发现，许多管理者仅在自己能力范围内进行管理，其他人则永远无法上升到这个水平。组织因此得以继续蓬勃发展。而当组织内的重要职位均由一些力不从心的人担任时，组织就真正陷入了困境。

学以致用

■ 你永远无法完全确定一项任命或升职是否成功。因此，若想降低风险，你可以在人事聘用合同中增加试用期。试用期内，合同可以随时终止。

■ 为了延续员工有升职的热情，给他们的聘用合同中增加一条，确保他们就算晋升失败也能回到原岗位继续工作，或在与原岗位同级同酬的另一个岗位工作。

■ 在决定一项任命尚未生效前，首先对该员工的工作表现进行回顾总结，其中有一点需要考虑，那就是他对新岗位缺乏经验。这项工作需要在试用期结束前进行。这么做会为下一步采取正确措施提供时间，包括为员工提供额外的培训和指导。

■ 不要将从试用期转正的过程仅仅看作是一个常规流程。而是应该把它视为一项累计成本高达数十万英镑的重要财务决策。

■ 如果表现优异的员工想继续留在原岗位工作，批准的同时为他们的突出表现给予额外奖励。要知道，并不是每个人都想升职，许多人很享受现在的工作，他们也足够理智，知道就算自己可以在新岗位上获得成功，这样的成功也无法为他们带来更高的职业满足感，或他们所追求的工作与生活之间的平衡。

■ 要认识到面试是一种比较差劲的挑选员工的方法，因为给面试官留下深刻印象的技能并不是做好任何日常工作所需要的技能。借助巴菲特的建议来提高你任命明星员工的概率吧（详见箴言 25）。

■ 记住，自从那些对员工能力要求极低的岗位被取消后，某些员工会被赋权设置岗位，这项工作已经超出了他们的能力范围。往往在这时候，员工会盲目自信，坚信自己才高八斗，能够独当一面。最好赶紧炒掉这些员工。

问题反思

■ 我是否已经在工作中产生力不从心的感觉？我的哪些员工在工作中表现出了力不从心？

■ 我申请升职是因为我真正想获得晋升还是因为别人认为我应当这么做？

箴言 10 沃伦·本尼斯：为什么失败的企业更需要领导层而非管理层

> 这条箴言旨在提醒大家放手赋权的必要性。

沃伦·本尼斯（Warren Bennis，1925—2015）是一位管理学顾问兼作家，同时也是领导力研究这一较新领域的领军学者。在结合了自己的研究与咨询工作后，他指出：

> "失败企业的通病是管理过度，而领导力不足。"

本尼斯认为，太多公司对员工进行着微观管理，这么做摧毁了员工独立工作的热情和意愿。当情况变得不妙时，管理层把对员工加大管控、制定过多政策和规程当作解决方案。恰恰相反，此时最需要的实际上是给员工自主权和支持，让他们从自己的级别层面找出问题所在。毕竟，他们知道自己的问题，也知道与管理层亲自介入相比，更好的改进方法是什么。他们需要的只是能够这么做的自由（详见箴言45）。

学以致用

■ 许多公司失败的原因是对环境变化和新出现的威胁过于迟钝的反应。为了生存，你需要一支有足够灵活度的团队。在做决策时，该团队不会事无巨细地在每件小事上征求上级的意见。

■ 灵活自主的员工不是一两天就能培养出的。他们必须在适宜的环境中才能成长。遵循安德鲁·S.格罗夫的建议（详见箴言65）能够帮助你在明确界定原则与规则的基础上管理你的员工和公司，而不是靠给出详尽的指导来进行管理。如果你这么做了，你的员工会像被设定了程序般主动对新出现的威胁做出反应，同时在做必要决策时感到足够自信。

■ 要知道，你不可能在工作中大包大揽，或者料事如神。任命合适的人选（详见箴言 27），让他们好好干活。别在没必要的事上插手。你的目标是创办这样一家公司：你为公司提供的是发展框架，员工需要在这个框架中行使自主权，他们只有在有顾虑或发现某项决策超出他们的自主权范围时才会来向你求助。

■ 通过采用这样的方法，你将给员工赋权，让他们参与领导工作，并决定怎样做才是对现有问题的最佳反馈。这会降低每项可能要做的工作一定要通过某种流程或规程才能解决的需求，给员工腾出时间，让他们能够通过想象力和创造力去马上应对所面临的问题。

问题反思

■ 我是控制狂吗？我的员工认为我是控制狂吗？

■ 我是否参与了过多具体的决策或讨论？

总结

本章中的十大箴言之一是：

一家公司存在的意义是要创造（并留住）客户。

——彼得·德鲁克

我选择这条箴言，主要是基于以下两点考虑：

第一，我早就受够了人们认为创建公司的目的是为了实现利润最大化的这套陈词滥调。利润最大化意味着这家公司愿意风险最大化。我并没有看到许多股东和管理者愿意为这样的惊魂之旅卖命。股东和管理者们想要的是基于投资产生的合理回报，以换取较低或最低的风险。这是一个会产生满足感而不是暴力的案例。

第二，德鲁克的话提醒我们，获取利润的前提是赢得客户。这可不是先有鸡还是先有蛋的问题。没有客户，就绝不会有利润。

以往鉴来

本章讨论的箴言涉及面很广。如果你的学科背景比较单一，也许很难发现其中的联系，这很容易理解。但是，如果你想要成为顶尖管理者，你就需要摒弃像会计师、工程师或人资经理般的思维模式，而是开始像一个总经理一样思考。

不要只从你个人的角度来审视公司。相反，试着去了解公司错综复杂的全貌及其中的细节与关联。工厂车间里由老旧机器造成的问题并非只是一个纯粹的工程问题，它同时也暗含财务问题（更换老旧机器需要花费多少成本）和人资问题（我们所需操作新机器的人数是否和操作旧机器的一样多）。

第二章

自我管理与事业管理

简介

　　许多人并没有事业，他们有的只是一份工作。他们并不思考可以通过什么方式来成就自己一生的事业。相反，他们将工作视为帮助自己支付账单、资助自己个人爱好的途径而已。这种想法没有什么错，因为并不是每个人都愿意付出必要的时间和精力来成就一番事业。

　　对于那些真正想成就一番事业的人而言，本章内容可谓富含智慧的宝藏，能够在你的整个职业生涯起到启发和指导作用。本章结构如下：

　　■ 箴言 11~15 是讲你已经有或需要有哪些拿得出手的东西。

　　■ 箴言 16~18 概括出三条你想成为成功管理者必须采用的策略。

　　■ 箴言 19、20 有关确定你愿意为事业投入多少时间以及如何最好地管理这类有限资源。

　　有两条箴言不在本章，但是它们是我的最爱。这两条箴言来自两个截然不同的文化巨头。500 年前，米开朗基罗指出："我们面临的最大危险不是眼高手低，而是胸无大志，把目标定在触手可及的位置。"

　　通常，我们给自己随意设限，这成为阻止我们自我实现的绊脚石。相比于设定较低目标并轻易拿下，设定较高目标并离目标一步之遥实际上带来的收获更多。为什么呢？因为你知道你已全力以赴。你走了一步险棋，即便离目标最终只有一步之遥，也比保守求稳、安于现状收获的多得多。

　　但是如果你决定为之努力，你有必要了解另一位 20 世纪中叶的文化偶像埃维斯·普里斯利（猫王）的一句话："理想是指装有 8 缸引擎的梦想。"

如果你志存高远，就必须要有动力和力量；如果你想实现梦想，就要装上"8 缸引擎"。

阅读本章时，以上两条箴言值得铭记在心。

箴言 11　西奥多·莱维特：像打理生意一样，管理自己的事业

> 这条箴言旨在提醒你：应把事业当生意来打理，并采取相应的行动。

西奥多·莱维特（Theodre Levitt，1925—2006）是哈佛商学院的经济学教授，在推广"全球化"这一概念的过程中担任重要角色。他提出：

"你的事业就是你的生意。"

一些管理者似乎将只理解了他这句话的字面意思，因此现在开始在提升并保持简历的竞争力方面花费了许多功夫，而不是做一些真正对组织好的事情。

在《小书大智慧管理丛书：76 个典型管理问题》一书中，我提出了员工的三种分类。

■ 游荡者（Workers）：真正担心的不是晋升或进步。他们真正的兴趣点在工作之外，比如上上业余戏剧班、唱唱歌、踢踢足球什么的。

■ 奋斗者（Warriors）：努力工作，充满抱负。他们是每家企业的未来，必须要重点培养。

■ 探索者（Wanderers）：只对自己事业上的进步感兴趣。他们所做的每一个决定都基于"怎样对我最好"这个前提。他们非常热衷于跳槽，因为这将丰富他们的简历，但是他们会在离开前了解清楚所有变化的全面影响（通常是灾难性的负面影响）。他们非常注意自己人设的经营。

倘若想摆脱"游荡者"标签，就必须变成真正能在努力工作与展现专业形象之间保持平衡的探索者。

学以致用

■ 第一印象很重要（详见箴言 12），所以你的形象及你展示自己的方式极为重要：

——遵循公司的着装要求；就算想穿得轻松舒适，也别穿条纹三件套睡衣出现在公司。

——向你的朋友或伙伴了解自己是否有一些不好的习惯及改正的方法。比如，你说话时是否经常使用"比如"这个词，是不是在每个句子里都要用"比如"做口头禅。"OK"也是你应当在自己的每句话中避免的表达，你觉得 OK 吗？

■ 一直表现出自己自信的一面，但不要表现得很傲慢，特别是当你恐惧时。说话时挺直腰杆，面带微笑，看着对方的眼睛。

■ 提升你的交流技巧。人们会根据你讲话和写作的方式来对你做出评价。让你的书面和口头表达保持简洁明了，满嘴管理的大道理不会让人觉得你机敏睿智，反而让你看起来很傻。

■ 每个人都会有不好过的几天，至少尽到自己超过八成的努力来工作，数十年如一日。

■ 人们期望会计师、律师和医生将客户或病人的利益放在自己的利益之前。作为职业经理人，你的客户就是你的公司，因此采取相应措施，在做所有决定时都要最大化公司的利益。

■ 树立诚实正直的声誉（详见箴言 13），这样的声誉一旦建立，一定要对其呵护备至，铢积寸累。

■ 在公司里找一个榜样，让他成为你的行动指南和标杆。总有一天，你会形成自己独特的风格，不再需要模仿他人。

■ 使你的专业知识与时俱进，学习新技能能够提升你的专业能力（详见箴言71）。就算你不打算跳槽，至少每年参加一次面试。这样在你想跳槽时，你也能找到适合的去处。

■ 使用社交媒体建立自己的商界人际网和私交。在职业与贸易机构中积极进取，抓住工作中的机遇，比如能令高管或董事注意到你的业务展示机会。

问题反思

■ 做决策时，我会主要考虑哪些人的利益：我自己的，部门的，同事的，还是组织的？

■ 我需要榜样吗？如果需要，谁能成为我在组织里的榜样呢？

箴言 12 亨利·福特：追随你内心的愿望

> 这条箴言旨在提醒大家：如果做的是自己喜欢的事，这便不算工作。

亨利·福特（Henry Ford，1863—1947），著名美国实业家，福特汽车公司的创始人。他不仅是批量生产方面的冠军，对人性也有着敏锐理解。他指出：

"成功人生的全部秘密就是找出自己命中注定要做的事，然后放手去做。"

学以致用

■ 了解自己想做什么，然后按照自己的意愿去做就好。这听上去是最简单的道理。但真正的问题在于许多人根本不知道自己想做什么，于是便随波追流。通常情况下，人们都会意识到自己的错误，然后开始幻想自己应该做什么。如果你也属于这个类型，试试以下方法：首先拿出一张纸，在纸的最上方写下你想做的事情；然后在纸的中间自上而下画一条线，在左手边写下促使你换工作的驱动力，在右手边写下阻碍你做出改变的绊脚石。

■ 清单内容排列顺序从无关紧要到至关重要，写下你头脑中的所有想法。花几天时间起草这份清单，有新想法时及时补充上去。

■ 当清单完成时，坐下来对每一项打分。每个得分点没有具体分值的限制，设定许多不同内容但分数相同的得分点也没问题。

■ 如果有一两项内容的得分鹤立鸡群，你需要专注于这些内容。例如，如果"保持现状并成为演员"这一项内容得 200 分，而"担心你和你的家人会失去经济保障"得 190 分，你便需要和你的伴侣或家人共同抉择。在探讨的过程中，你会发现他们也能够改善由于你换工作所带来的收入降低。又或者，你会发现他们坚决反对你换工作，如果你执意这么做，就会失去家人的支持。无论如何，你都能找出导致现有困境的症结所在。

■ 如果两方面都没有显而易见的影响因素，将左右两栏的分数分别相加。假设保持现状的得分为 110，鼓励改变方的得分为 130，答案似乎很明显，你应该做出改变。但如果你依然心存疑虑，该如何是好呢？你需要重新思考下自己的评分体系。你是不是百分百忠于自己内心的想法？是否夸大了驱动力的影响，而低估了绊脚石的力量？

■ 最终得分实际上远没有你所经历的这个过程重要。通过审视每个影响因素，你将对自己所面临的驱动力和绊脚石有更清晰的认知。相比在头脑中一片乱麻时做的决定，通过以上过程做出的决定更为明智。

问题反思

■ 在理想状态下，我想做的是什么工作？

■ 我现在的所做是我的所想吗？如果不是，阻碍我实现所想的原因是什么？

箴言 13 戴尔·卡耐基：人们了解你的方式

> 这条箴言旨在提醒你：注意调整你给他人带来的影响。

戴尔·卡耐基（Dale Carnegie，1888—1955），著名作家、商人。他的兴趣点在于研究人们交往的方式，以及为何有些人对别人能产生更有效的影响。他提出：

"我们与世界交往的方式有且仅有四种：行为、形象、语言及表达方式。人们会通过这四种方式对我们进行评价和分类。"

考虑到人类仅有五种感观，无怪乎我们会基于自己的所见（他人的行为与外貌）及我们的所闻（他人的语言及表达方式）来评价他人。在极个别情况下，我们会通过一个人的体味或香水/须后水的味道来对其做出评价。

学以致用

■ 在史前时期，能够在一瞬间辨别敌友的能力实际上是一件生死攸关的事。如果你在丛林里与陌生人相遇，留给你的时间极为短暂，稍不留神，对方也许已经拿着斧头砍向你了。今天，我们仍然会继续对他人进行评价，甚至在他们还没开口讲话前，我们的某些看法就已经形成了。潜意识里，我们问自己：我们是一类人吗？这也就是为什么我们在工作场合应当做到着装与言行都得体的原因。在不同的组织与部门中，着装与言行得体的标准也会有所不同，但你应该会很快捕捉到正确的信息。如果今天是你上班的第一天，你也不确定该怎么做时，也许最佳选择就是表现出有智慧、有品位及审慎。

■　不久之前，人们开始通过口音来评价他人。好在自 20 世纪 90 年代开始，这一障碍逐渐被打破，我们开始推崇口音的多样性。相比于你的口音，你清晰准确的表达能力更为关键。如果人们听不懂你说的话，你如何对他们产生影响呢？不要含糊其辞，说话时看着对方的眼睛，音量至少要大到让对方听得清，还应当表现出自信（详见箴言 14）。

■　很明显，你口中说出的话非常重要。如果你废话连篇，就算辞藻再华丽，也不会显得你很聪明。没想好说什么前，千万不要张嘴。有太多人在自己一无所知的领域信口开河，结果当专家出来纠正或反驳他们的观点时，他们便暴露出了自己的浅薄无知和业余。你的可信度属于价值高昂的商品，你应当随时随地保护好它。

■　至于行为方面，最好树立出诚信专业的形象。人们愿意尊重、倾听并追随他们所信任的人。如果你通过自己的行为表现出你尊重他人，对所有人一视同仁，公平公正，不会因为一己之私利用他人或他人的想法，你将很快获得诚信的口碑。

■　与诚信一道，你还需要建立一种与其他管理者做事方法不同的名声。记住，你的所作所为一定要比你所承诺的更好，比如，你会在周四那天就完成自己承诺在周五前完成的工作（详见箴言 79）。

问题反思

■　我是否了解别人对我的看法？我是否向朋友和同事了解过我给别人留下的印象如何？

■　仅仅通过外貌和语言就对他人下结论，是不是过于草率了？

箴言 14　亨利·福特：自我信任与自我怀疑（十大箴言之一）

> 这条箴言旨在帮助你建立自我信任，摧毁自我怀疑。

在下面这句话中，亨利·福特阐明了为什么有些人能取得成功，而许多人只会经受失败的原因。其原因与出生贵贱、智商高低或机会多少都没有关系。一切的根源都在于自信。他指出：

"认为自己行或不行的人都没错。那么你是前者还是后者？"

只有精神疾病患者、政客及一些狂热分子才能表现出百分百的自信。其他人都会产生自我怀疑。这使得我们变得理性又谨慎。但是，你绝不能让自我怀疑成为阻碍你尝试心中渴望之事的罪魁祸首。如果你尝试了，也许会因为客观因素难以掌控而失败，但你起码抓住了机会。可是你如果不尝试，你得到的注定是失败与懊悔。

学以致用

■ 遵照埃莉诺·罗斯福的建议，每天做一件你害怕的事情。这不仅是一句生活哲理，也是一种能在生活各方面提升自信的方式。你去挑战的不一定是大事，可以是在大会上提问，或者邀请房间里最养眼的男士或女士跳舞。在小事上不断取得突破能够帮助你在遇到更重要的事情时直面自己的恐惧。

■ 总的来说，我们在遇到新任务或面对新形势时会缺乏自信。一旦你完成了这项任务，或熟悉了新形势，所有的紧张都会烟消云散。所以，逼自己接受新挑战吧，主动挑战你害怕的事情。坚持如此，你很快就会发现自己在完成新任务、应对新形势时的自信会呈指数级增长。也许你心里还会存在紧张情绪，但它们已经不足以阻止你去做自己渴望的事情了。事实上，你的确需要这样的紧张情绪来刺激肾上腺素的产生，以此激发出最佳工作状态。

■ 记住，如果你没有对自己的能力或被推荐的事情表现出足够的自信，为什么你的老板、同事或员工要相信你的判断呢？

■ 要一直保持自信的状态——特别是内心充满恐惧时。你的感受并不重要，重要的是你的老板、员工、同事、竞争对手、业务合作伙伴、银行从业者等如何看待你。你应当去和自己的家人朋友倾诉内心的苦恼，而不是跟你的工作伙伴掏心掏肺。在真正成长为一个充满自信的人之前，起码要表现出信心百倍的样子。

■ 最后，请通过积极的自我对话及自我想象来提升自信度，以最令自己满足的方式庆祝每次成功。毕竟，你值得拥有（能说出这样的话，看来是我电视剧看太多了）。

问题反思

■ 以 1 ~ 10 分为区间，10 分代表非常自信，问问自己在工作、社交场合及正式场合中的自信度是多少？如果我的平均分低于 7 分，我该如何提升？

■ 我缺乏自信的原因是什么？是不是源于我童年时听过的一些话或遇到的一些事？如果是，我为什么要让这些久远的事情影响今天的自己？

箴言 15 莫莉·萨金特：最好的投资是自我投资

> 这条箴言旨在提醒大家：无论是从个人角度还是从管理者角度出发，持续学习并不断发展自我是非常有必要的事情。

莫莉·萨金特（Molly Sargent），著名管理顾问，Prolmpress 集团创始人。她对企业及个人发展兴趣浓厚。无怪乎她总是向各级管理者发问，了解他们在个人发展方面的投资是多少。她提问的方式也非常独特。她的问题是：

"你每年在自己事业上的投资和在车上的投资一样多吗？"

那么，你的答案是什么呢？

我的未来　　　　　　　　我的车

学以致用

■ 我们所拥有的最大财富便是自己，除非你持续进行自我维护并不断自我提升，否则这份财富必将付之东流。对我们而言，自我维护意味着我们必须紧跟本专业领域的前沿动态，自我提升则要求我们不断学习新技能。为了实现这个目标，大家需要每年进行一次培训需求分析。

■ 培训需求分析的内容包括：

——列出自己已掌握的技能及现有水平，比如初级、中级、高级。

——列出将现有工作做到较高级别时所需的技能。

——对比以上两张列表，找出自己与所需技能或应到技能级别的差距所在。

——做一份弥补差距的行动计划。

■ 在进行培训需求分析时，最好请求专业人士的帮助。他们能够深究并挑战你的想法，同时为你提供进步的方法。公司培训部的员工或从事人力资源管理工作的朋友都能够帮助你完成这件事。

■ 为了找出解决问题的办法，也许你需要进行一些阅读，向从事特定工作的专家学习，紧跟同事的步伐，或者在办公室（或供应商工厂）接受培训课程。这种简单低成本的方法也许能够卓有成效地提升你的产能，就像你很有可能发现实际上自己只使用了新电脑（或新机器）中很小一部分功能一样。不信吗？那你可以想想，你或者你的员工使用了 Excel、PowerPoint 或 Word 百分之多少的功能呢？

■ 更为正式的培训安排也许意味着你要接受短期课程培训或拿下更高阶的资格认证。

■ 一旦明白自己要什么，你就会乐意为自己所需的培训投入时间和金钱。没错，想尽一切办法争取让公司支付部分或全部费用。如果公司拒绝的话，也请自己支付。毕竟，你是培训的最大受益者。

■ 找到公司所匮乏的专业知识，提升自己在该领域的技能。比如，会计师可以考取网络安全资格证。这将在晋升或找工作时为你带来竞争优势并提升你的专家权（详见箴言 71）。

■ 你每年都应攒下一笔钱，专门用于你的专业发展，并将它花出去。

问题反思

■ 我去年在专业发展上所花的时间有多少?
■ 我去年在专业发展上的花费是多少?

箴言 16　安德鲁·卡耐基：为什么不要大包大揽

> 　　这条箴言旨在提醒大家：想要成功，必须先学会合理分配工作。

　　安德鲁·卡耐基是一位出生于苏格兰的美国实业家、慈善家，主要从事钢铁行业，并因此大获成功。当他就如何建立一家庞大的公司分享心得时，他谦虚地说：

　　"凡事大包大揽或独自承担一切的人是不可能做好企业管理的。"

学以致用

　　■ 遵循沃伦·巴菲特的建议，首先是任命对的员工（详见箴言 25）。一旦你任命了对的员工，放手让他们去做就好（详见箴言 27）。

　　■ 评估自己分配工作的能力。列出你上个月分配下去的工作，并通过任务的难易程度对工作进行分析。如果你仅仅分配了简单任务，说明你未能通过更有趣且对员工更有益的任务来激发他们的斗志，这样做会令他们失去动力，让他们消极怠工（详见箴言 45）。

　　■ 如果你未能合理分配任务的原因是担心对局面失去掌控或被指责把分内之事推给下属，建议使用肯尼斯·布兰查德和保罗·赫塞的情境领导理论作为任务分配模型。他们指出，每次你在给别人分配新任务前，你必须要弄清员工在做这项工作时所需要的引导与支持。引导是指你需要为他提供的如何进行具体工作的指示。支持是指在员工能独当一面时，你需要帮他打消顾虑、给予鼓励及指导。根据引导与支持的不同程度，能得出四种任务分配方法：

任务分配方法	行为描述
训练	当员工缺乏做此类工作的经验且几乎没有自信时，应当给予深层次指导、大力度支持
指导	当员工对于做好工作很自信，但欠缺专业知识时，应当给予深层次指导、轻力度支持
支持	当员工经验丰富，但担心接手新工作时，应当给予浅层次指导、大力度支持
分配	当员工专业知识过硬且信心十足，对工作有充分把握时，应当给予浅层次指导、轻力度支持

■ 为每项工作挑选最合适的人选。跟他们简要说明该做什么，了解他们内心的想法，并提出一些问题，比如"你能否告诉我你第一步准备怎么做""对于我刚才安排的工作，你有没有什么顾虑"。

■ 进行讨论，选取最适合的任务分配模式。

■ 确定完成工作的截止日期，明确工作完成时须达到的标准。

■ 如果完成此项工作需要花费数周，提前安排工作总结会议，在会议上讨论工作进程。基于该会议的情况，确定是否需要召开更多的此类会议。

■ 跟员工反复强调，他们遇到问题时可以马上来找你。

■ 记住，在任何可识别的序列中，员工不会在以上四种方式中间徘徊。当你每次给员工安排新工作或新任务时，你都要再次确定适用于他们的任务分配方法。

问题反思

■ 我分配工作的频率如何？

■ 分配工作时，我每次花多长时间跟员工讲解这项工作的要求？

箴言 17 托马斯·爱迪生：灵感不能带来成功，而毅力可以

这条箴言旨在为诸事不顺的你加油打气。

托马斯·爱迪生（Thomas Edison，1847—1931），美国发明家、通用电气的创始人。他在经历过无数次失败后最终成功发明灯泡的故事家喻户晓，虽然这个故事很有可能是他为了说明毅力对于成功的重要性而虚构出来的。他指出：

"生活中的很多失败，都是因为人们在决定放弃的时候，并没有意识到自己已如此地接近成功。"

学以致用

■ 请接受一个事实：每项复杂的工作进行到一半时，看上去似乎注定是会失败。无论是你还是你的团队，都会因此感到很挫败。项目开始时的热情已逐渐褪去，前路未卜。这时候你必须记住温斯顿·丘吉尔的一句话："以守为攻。"

■ 提前准备好迎接难熬的项目中段，迎接那些不可避免的打击。这是你和项目最不堪一击的时候。吉拉德·伊根在他的阴影面理论中提到，若想取得成功，管理者必须同时管理公司里不同的利益攸关方。他将这些利益攸关方分为九类（详见《小书大智慧管理丛书：101 条权威管理理论》）。有两类利益攸关方与本情境高度相关：反对者与敌人。反对者对事不对人，敌人则对事又对人。他们会伺机等候，等到你在项目上已花费大量时间、精力与金钱但又尚未获得实质性进展时落井下石，这恰是你最不堪

一击的时候。

■ 你必须得预料到这类打击，还得找到支持者，和他们搞好关系，以备不时之需。伊根认为支持者包括支持本项目的伙伴及得到激励便会支持你的盟友。

■ 找出可能被攻击的弱点，比如项目成本过高，项目无法继续实施，除了这个项目外有更好的选择等，对每一项可能被攻击的点做出充分反驳。反驳不应当靠抒情取胜，事实胜于雄辩，因此反驳的核心在于摆事实。

■ 记住，当变革议程展开时，将会影响更多人。在你全力瞄准反对者和敌人时，不要忽视巩固伙伴关系与盟友关系的重要性。

■ 要明白，这个理论与公司政治息息相关（详见箴言 61、73）。如果你不了解自己所在公司的政治，你将被其他更懂游戏规则的人用谋略打败。

问题反思

■ 当形势不妙时，哪些人比较靠得住？我知不知道哪些人是我的对手，我是否有反击的策略？

■ 我对公司政治的相关问题了解多少？需不需要再多学习了解相关的信息？

箴言 18 比尔·沃特金斯：永远不要向管理层征求意见

这条箴言旨在提醒大家：会回答问题的人能比只会提问的人走得更远、做得也更多。

比尔·沃特金斯（Bill Watkins，1953— ）是美国著名企业主管、希捷公司前首席执行官。他在 2006 年 11 月接受《财富杂志》专访时，明确提出了一句每一位管理者都应当明白并奉行的行规：

"永远不要问董事会的想法，要去告诉他们你准备怎么做。"

比尔·沃特金斯的话适用于所有需要向上级汇报工作的员工。如果你问上司对一件事的看法，他们会觉得必须说些什么，无论这个观点是多么不成熟。于是你便不得不对他们的观点进行评估后再次汇报，友善地指出为什么红袜队将巴比·鲁斯卖给纽约洋基队是一笔很糟糕的交易。

学以致用

■ 在向经理或董事做书面报告或口头报告前，确保自己已做好功课，对所有重要事项及可能的行动步骤都做到了心中有数。这样，你将比会议室里的每个人都更了解所讨论的主题。

■ 作为这方面真正的专家，你最有资格给出如何推进项目的建议，因为你的建议是基于对该主题的全面了解。如果你不这么做，你的经理或董事便会从不太专业的角度进行讨论，你最终不得不做出评价，或者更糟糕的是，你要实施他们提出的非常不成熟的建议。没错，我承认他们偶尔会提出更好的解决方案，但根据我和比尔·沃特金斯的经验来看，这样的结果属于极少数。

■ 有逻辑有条理地组织你的书面报告或口头报告，这会使你的报告引人入胜。在你简明扼要地进行论述时，在你讨论那些你已考虑过且已排除的解决方案时，能够有效防止他人再次提出同样的建议。

■ 别给你的经理或董事准备惊喜。从稳扎稳打的角度来看，你报告的落脚点最好直指最终建议，将听众的思维汇集至唯一的方向。若能走对这步棋，当你最终提出建议时，在场所有人都将认为这是唯一能推进项目的方法。

■ 报告撰写或产品推介是一种技能，像许多其他技能一样，是可以学习并通过练习得到提升的（可从《小书大智慧管理丛书：76 个典型管理问题》中寻找写作与汇报技巧）。

■ 提供解决方案和向上级提问或向上级征求意见相比，必然是一种能获得许多印象分的做法。给出优质、清晰、坚定的建议，会让大家认为你是一个自信又专业的问题解决者，你知道该怎么做。你应当知道这些是你得以晋升的必备属性。

问题反思

■ 当我在向上级汇报工作时，我是怎么做的？是征求他们的意见还是提供解决方案？

■ 我是否会从使我的书面报告或口头报告更有效的专业建议中获益？

箴言 19 安德鲁·卡耐基：在你的事业中倾注全部

这条箴言旨在提醒大家：如果想脱颖而出，仅付出75%的努力是远远不够的。

安德鲁·卡耐基是19世纪美国最伟大的实业家之一。仅靠在工作中投入自己的部分精力，他绝不可能由一个出生在邓弗姆林纺织小屋里的穷孩子成长为国际知名人士。他指出：

"普通人在工作中投入的精力大约为25%。世界会向那些在工作中投入了一半精力的人脱帽致敬，更对那些在工作中付出了全部精力的极少数人顶礼膜拜。"

若听到今天人们关于如何在工作与生活之间保持平衡的讨论，卡耐基肯定会一头雾水。因为对他而言，工作就是生活的全部。这一点同样适用于那些在艺术、人文及科学领域出类拔萃的人。也许有不费吹灰之力就能成功的人，但那只是凤毛麟角。

学以致用

■ 你必须确定自己愿意在工作中投入多少时间和精力，愿意为了实现梦想做出什么牺牲。除非你愿意投入自己的一切，否则你不可能到达巅峰。

■ 无论的你现在年龄多大、身居何位，如果你想在人群中脱颖而出，就需要以战略的眼光考量事业的发展（详见第二章）。

■ 从设定终极目标开始。尽可能地将你的目标细节化，设想一下实现目标的感受。当你遇到困难时，这样的"设想"将帮助你坚持到底，因为你一定会遇到困难。

■ 为了朝着目标前进，并最终实现目标，你需要设定一系列小目标，并将它们分解成短期（小于 1 年）、中期（2~5 年）及长期（6~10 年）目标。注意，提前一年设定的目标不过是一个美好的设想，因此，需要不断滚动更新你的计划，将获得的新信息及你的成功与失败都纳入考虑范围。

■ 确保你的所有目标都符合 SMART 标准，即：

现在你应该对自己的目标及为了实现这个目标该做些什么有些想法了吧，是时候问问自己愿意为成功付出多少代价了。追求成功意味着牺牲。想想你生活中的其他事情及你为这些事情所花费的时间，包括家庭、社交、睡眠、爱好、度假等，哪些是你愿意为了实现抱负而放弃或削减的。这个问题很难回答，但这是一道必答题。

■ 除非你现有的工作几乎不需要别人参与，比如像是作家这样的职业，否则，若想提高产能，你必须学会分配任务（详见箴言 16、27）。

问题反思

■ 为了实现自己的目标，我需要在工作中投入多少额外的时间？我能够从哪些方面挤出这些时间？（详见箴言 20）

■ 如果我不愿意减少自己工作之外的时间，我是否需要重新审视自己的目标？我能否通过更有效的工作方式来实现目标（如分配更多工作给他人）？

箴言 20　托马斯·爱迪生：节约时间

> 这条箴言旨在帮助你管理时间，实现目标。

托马斯·爱迪生一生拥有 1000 多项发明。尽管这些发明中有许多实际上是由他的员工完成的，但的确也是他在扮演着员工背后创新驱动力的角色。如果他习惯浪费时间的话，他绝不可能在自己 84 年的生命中取得如此巨大的成就。他指出：

"一个人不可能购买、租赁或雇佣更多时间。时间供应毫无弹性可言，无论需求多大，供应永远不会增加。"

一种能令你保持领先的方式是该工作的时候工作，该娱乐的时候娱乐，不要将二者混为一谈。

学以致用

■ 学会拒绝，不要让别人偷走你的时间。不要每周花费大量时间和同事闲聊，包括聊他们的伴侣如何，昨晚的电视节目怎样，或给其他人搞砸的事情善后。对这些事情说不，如果有必要，可以去参加能帮助你建立自信的培训班。

■ 对每周所做的事情做详细记录。没错，你和别人谈足球聊八卦这种事也要记录下来。然后你会感到非常吃惊，你竟然允许自己把这么多事情浪费在无用之事上。

■ 学习艾森豪威尔时间管理法则（The Eisenhower Time Management Grid）将帮助你为最重要的事情腾出时间，以便更好地实现你的目标。首先分析你要做的每件事情，按要求分门别类后，遵循相应的建议。

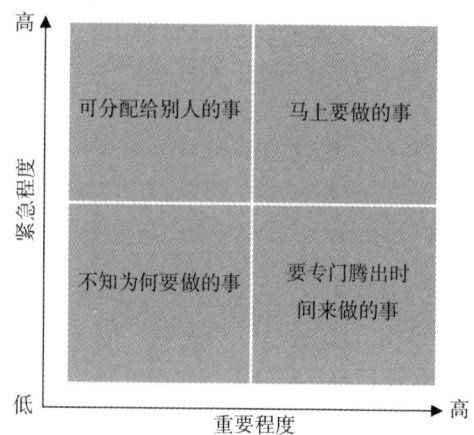

——马上要做的事：既是老板要求的，又是需要在截止日期前完成的那些事。

——要专门腾出时间来做的事：有些工作如果现在能完成的话，通过从源头上解决正在发生的问题会为你节约以后的时间。不幸的是，这些事一般被安排在紧急事件之后。避免参与以下两类工作，用节约出的时间解决这些问题。

——不知为何要做的事：这些是你不应该做的事，你和你的团队应尽量避免这些事。将这些事搁置，或分配给其他人。

——可分配给别人的事：有些事明明是别人的事，但他们却想让你解决。如果你想帮忙，那就分配给别人去做吧。

■ 如果你已具备所需的自律和自信，艾森豪威尔时间管理法则能够帮助你节约你花在项目上的时间，还会提升你的产能并让你崭露头角。

■ 艾森豪威尔时间管理法则能够帮你应对短期内一定要完成的事情。你还需要考虑一下长期问题，并在日历上标出那些能够体现你工作能力的长期任务和目标。千万不能掉以轻心（详见篇言 19）。

问题反思

■ 我在将事情按重要性和紧急性进行排列的方面做得怎么样？我是否总是先做紧急的事？

■ 我上次分析自己的一周安排是什么时候？

总结

本章入选十大箴言的是福特有关自信的观点：

认为自己行或不行的人都没错。那么你是前者还是后者？

——亨利·福特

对我而言，这次选择很轻松。自信是成功的基石，没有自信，你永远不会成功，无论你的资质多么过硬，无论你智商多高，或多么努力。我为什么如此确定？想要成功，你必须让其他人信任你，包括你的员工、同事和老板。如果你缺乏自信，这种表现会被当作是无能及你对自己的能力不信任的表现。在那样的情况下，人们肯定会问："如果这个人自己都不相信自己，我为什么要相信他（她）？"

我猜想我们所有人出生时都带着满满的自信。不幸的是，随着我们不断成长，生活、失望、别人的语言和行为将我们的自信层层击退。我们有必要给自己装满自信，保护我们的自信并为之喝彩。

从今天开始遵循箴言14，每天做一些自己害怕的事。你对一件事的恐惧越深，就越该朝它跑去。通过拥抱真正使你恐惧或退缩的事情，你的自信将呈跳跃式增长，你生活中的方方面面也将被你的自信感染。

以往鉴来

如果你近期在某个特定状况下缺乏自信，请假装自己自信满满。就算心里七上八下，也要表现出自信。坚持一段时间后，真正的自信很快就会出现的。

第三章

员工管理与团队管理

简介

　　管理实践中涉及的技巧范围很广。我将在本章讲述想要成为一名成功管理者所需的关键知识点。从我读过的许多知识点中筛选出最后这 12 条，这个过程无比艰辛，但我最终选择出了我认为对忙碌的管理者们最有用的知识点。本章箴言分为五类：

　　■ 箴言 21~25 涉及管理学本质及管理者角色。

　　■ 箴言 24、25 讲解你什么时候需要招聘员工及你需要招聘怎样的员工。

　　■ 箴言 26、27 为员工管理支招。

　　■ 箴言 28~30 为如何监管员工业绩。

　　■ 箴言 31、32 解释了员工培训与发展对于成功的重要性。

　　管理学书籍中较少会特别提到的一项必备素质是常识。也许大家认为这是一项管理者们必定拥有的优点，没有提及的必要。但是，杰拉尔德·布莱尔（Gerald B. Blair）说过一句值得我们铭记的话："想要成为一个真正伟大的管理者，第一步就是要掌握基本常识，但是常识这个词并不像组成这个词的两个字看起来那么平常。"

　　任何人都能为一个问题虚构出不切实际的解决方案，这就是工作中的制约因素，往往令解决问题变得十分困难，这时就需要一点儿常识。通常情况下，符合常识的方案往往是最简单可行的方案。阅读本章后，你会明白，大道至简。

箴言 21 查尔斯·汉迪：管理学是什么

> 这条箴言旨在帮大家了解管理学，这是一门复杂艰深却充满魅力的学科。

查尔斯·汉迪（Charles Handy，1932— ），学者、商业领袖，很可能是英国最令人尊敬的管理学与领导力作家。他说：

"管理学比其他任何学科更具趣味性、创新性、个体性、政治性及直觉性。"

这个观点与罗伯特·汤森德的观点（详见箴言 24、49）不谋而合。

谈到管理学时，人们总是心怀某种神圣的崇敬感。没错，管理学是很严肃的学科，但是你发挥管理作用时，并不会像想象中一样缺乏创意、趣味性及幽默感。

学以致用

■ 在管理学中，"乐趣"这个词的名声不太好。有人说如果你获得了乐趣，就不可能严肃起来。这是什么荒谬的逻辑。莫克姆和怀斯、马克思兄弟、威尔·史密斯和克林特·伊斯特伍德都是或曾是他们所在领域最顶尖的人物。他们在艺术工作中极为努力，也从中获得了乐趣。在本语境下，"乐趣"的意思是享受你所做之事，并且有时间与身边的人分享你的乐趣。如果你能这么做，你的乐趣感将感染其他人，营造更好的氛围，并因此提升员工的士气和积极性。

■ 管理学并非自然科学，并没有什么放之天下皆准的世界法则。管理学的内容总是取决于时间、地点、任务及环境。为了应对这些问题，你必须一直保持创造力。你拥有过往的经历、管理学的理论知识和模型，对身边的人也有一定了解，想要乐趣的话，你既可以用手中的颜料画一幅大作，也可以随心所欲乱画一气。管理学是一门艺术，你练习得越多，水平就会越高。别害怕犯错，通过不同的方式进行实践，保持灵活的思维模式。

■ 管理学需要与人打交道。你越了解别人，越了解他们的工作和生活态度，越了解他们的观点和看法，越了解他们的梦想与抱负，你就越能更好地在各种既定情境中预判他们的反应，并且知道该如何跟他们打交道。为了更好地了解别人，你可以闭上嘴巴，竖起耳朵。记住，你有两只耳朵和一个嘴巴，耳朵和嘴巴的使用频率请参照二者的数量比，一定要少说多听。

■ 在任何机构中，甚至包括在家庭中，都有政治操纵的成分。在少数功能紊乱的机构中，人们在玩政治上花的时间比工作多。是否要参与政治游戏，完全取决于你。但是，防人之心不可无，请通过阅读箴言 61、73 来学习如何免受政治影响。

■ 你对自己工作单位的了解要比你能告诉别人的东西多得多。这种隐性知识存在于你的潜意识中。当你运用到这类知识时，我们称这种现象为直觉或本能。不要忽视你的直觉，如果你的直觉告诉你这次任务的数据有问题，那就再次审核。

问题反思

■ 我在工作中获得乐趣了吗？如果没有，是工作的问题，同事的问题，还是行业的问题？

■ 当我在管理员工或做决策时，我是否过于依赖硬性数据？我是否需要更加关注软性直觉数据？

箴言 22　彼得·德鲁克：能够总结管理者工作的 5 个词

> 这条箴言旨在总结管理学的核心纲领。

彼得·德鲁克是一位出生于奥地利的美国人。他是学者、管理学顾问及作家，因其为管理学这门学科奠定了学科基础而被誉为"现代管理学之父"。他提出管理者应具有五项基本职能，即：

"制定目标、整合资源、激励员工、监控业绩、员工发展（包括自我提升）。"

学以致用

■ 把管理层为你和团队制定的目标视为起点。

■ 与员工一起将目标分解为一系列 SMART 目标（详见箴言 19），每一项指标的实现便意味着目标逐步达成。

■ 为实现指标，给每项指标安排具体负责人。每项指标中 80% 的任务应处于相对简单容易实现的难度。这会令员工觉得成功在望，能激励他们实现更具挑战性的目标。

■ 监控工作进展，并在有需要的时候采取纠正措施（详见箴言 29）。

■ 持续监控完成指标所需的实体资源和人力资源，在每个不足之处变成问题之前采取补救措施。

■ 激励员工，并通过分享信息与注意倾听的方式与员工进行交流。此外，了解赫茨伯格有关员工激励的理论（详见箴言 45），确保每项工作中都包含提升员工职业自豪感和满足感的内容。

■ 如果你把事业当成生意一样经营（详见箴言 11），你就是公司最大的财富。一定要在提升自己的业务能力与管理技巧方面投入时间和精力。提升相关领域的专业知识储备与技能对你的公司及其竞争者而言都具有价值，比如去学习 3D 打印技术。通过定期参加面试的方式来保证自己不落伍（能适应人才市场不断变化的需求）。

■ 如果有人问你对管理学或管理者角色的定义，可以借鉴德鲁克提出的这 5 个词。

■ 员工是你的第二大财富，一定要给予他们发展、培训和支持。

问题反思

■ 我是管理者还是管理员？换句话说，我每天是在办公桌前独立工作，还是在协助他人完成工作？

■ 我们公司的最佳管理者是谁？我能从他（们）身上学到什么？

箴言 23   彼得·德鲁克：学习与现有团队并肩作战

> 这条箴言旨在提醒大家：永远不存在完美的团队或体系。

管理学教父彼得·德鲁克非常务实，他形成理论或观点时，绝不以自己认为在企业里应该发生的事或可能会发生的事为依据，他所有的观点全部来源于企业中真实发生过的事件。

作为一个足球迷，教练含蓄地责备队员表现欠佳这样的场景，我不知见过多少次。"在下个转会窗口我们需要两到三个新球员"这样的话实际上是在说"输了六场别怪我，这些蠢货可不是我签下的"。

但德鲁克知道，管理者的职责就是要管理好现有团队。他指出：

"管理者的任务就是管理好现有团队，并努力将它打造成一个理想团队。"

学以致用

■ 如果你工作时缺少工具、机器、系统或原料，你就必须重新制定目标，或者换一种方法去争取你所需要的东西。但你绝不该先接受这些任务和目标。

■ 通常情况下，你得搞定的是如何让员工具备问题解决能力。这首先需要你审视你们接手的任务和目标。

■ 总结完成这些任务和目标的必备技能。

■ 分析你和员工目前所具备的技能。

■ 对比你们的现有技能与必备技能，找出差距所在。

■ 思考一下培训能够多大种程度地减少或消除这种差距，然后组织有必要的培训。很明显，培训很快能够兑现，也能够近乎瞬间地产生效果。我们这里讨论的并不是长期培训项目或专业课程。你要寻找的是能在企业内部进行的短期培训，授课人也许是你或者其他员工，这将在短期内填补技能差。培训也可由你最近新购买的系统或设备供应商来提供。

■ 为了发挥每个员工的长处，重新分配工作。

■ 假设你无法任命新员工，看看其他人是否愿意将自己的员工借你调遣一阵子。但要小心那些试图趁机甩开大麻烦的经理。

■ 当有员工离开时，将你已完成的必备技能分析当作起草新岗位描述及用人要求的基础材料。现在，20%的员工流动率是非常正常的现象，就算你无法彻底解决这些问题，也能够在2~3年内应对大部分。

问题反思

■ 我上一次让员工进行必备技能分析并与他们的已有技能作对比是什么时候？

■ 为使员工发挥所长，我上一次重新组织或分配团队内部的工作职责是什么时候？

箴言 24　罗伯特·汤森德：如何使企业高效低耗、充满活力

这条箴言旨在帮助大家确定扩大人员规模的最佳时机。

罗伯特·汤森德（Robert Townsend，1920—1998）是美国著名商人，他最著名的是将安飞士租车做成了一家巨型公司，以及他最畅销的著作《企业提升法》（*Up the Organisation*）。我相信这本书应当在每一门管理课程的必读书单中。罗伯特那些幽默、夸张的小建议总是蕴含着最重要的真理，比如：

"为了保持企业的年轻活力，别急着招聘新员工，等老员工工作都超负荷，直到他们盼望有新员工来，且不介意新员工担任某个职位的时候再说。"

学以致用

■ 要明白一个道理：人都喜欢忙于工作，适当的压力有助于提高员工的士气与工作效率。当一个团队忙碌时，团队成员更容易保持齐心协力。大家在一起努力工作时，会有着共同的使命感与自豪感，这对团队是一种激励。因此，千万别急着招聘新员工。

■ 寻找能表明员工确实在超负荷工作而不仅仅只是忙碌的迹象。这样的迹象包括：生病员工的数量增高、员工流动率增高、员工总是不能按期完成工作、员工工作态度变差，员工之间及员工与管理者之间的争执变多。

■ 应对这一情形的技巧是在以上提到的问题发生前积极对增

加的工作量做出反馈。这并不简单，需要基于你对员工及公司状况的了解程度来见机行事。你需要清楚工作量只是暂时增加还是这种情况会持续下去。如果一位一向努力工作从无怨言的员工开始因为工作量加大变得无精打采、怨声载道，你便急需对这一状况做出回应。利用你的隐性知识见机行事。

■ 隐性知识，或约翰·阿黛尔所说的深层知识，存在于你的潜意识中，但每天会在无意间对你的思维和行动提供思路。这种无意识的知识是你对工作、企业及员工所有了解的总和。你收集的知识越多，它对你的帮助就越大。因此，利用会面、走动管理、茶水间交谈或午饭中交谈及其他任何能与员工、客户或投资商交谈的机会来增加你的隐性知识储备。

■ 在学习日志中简单记录下任何有趣的评论、事件、趋势、问题、机会、威胁或小道消息（详见"如何充分利用本书"）。

■ 以上提到的所有信息都将沉淀于你的潜意识中，在你的大脑中形成有机联系，从而丰富你的隐性知识。当遇到问题是，这些知识会浮出水面，为你提供答案。

问题反思

■ 我上次审视团队内每一位员工是什么时候？

■ 我团队中有没有超负荷工作的员工？我是否需要重新分配工作？

箴言 25 沃伦·巴菲特：员工的诚实守信比聪明伶俐及精力旺盛更重要（十大箴言之一）

> 这条箴言旨在提醒大家：招聘或提拔任命员工时，有哪些需要重点关注的关键特征。

沃伦·巴菲特（Warren E. Buffett, 1930— ），世界顶尖投资经理人，喜欢让事情简单化，比如，他的投资策略就是买进好股票并长期持股。他同样将简化原则应用于员工任命中，他指出在招聘员工时应关注的三件事情：

"有人说招聘员工时只需关注他们是否符合以下三点即可：诚实守信，聪明伶俐及精力旺盛。不具备第一点而只有后两点的员工会让你吃不了兜着走。仔细想想这句话，的确如此。如果你雇佣了缺乏诚信的员工，他们的优点若没有用在正道，优点都会变成缺点。"

对巴菲特而言，诚信是关键。缺乏诚信的员工对公司而言很危险。事实上，2008 年金融危机很大程度上归咎于那些高智商低诚信的干劲十足的银行从业者们。

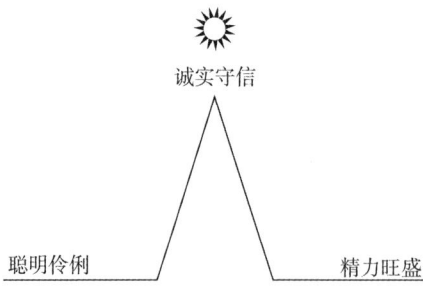

学以致用

■ 尽可能优先考虑从企业内部提拔员工。这种政策能够激发员工的忠诚度。通过这种方式，你选出合适人才的成功率很高，因为你（应当）非常了解内部员工的优势和劣势。只有在你需要为企业注入新鲜血液，或某个职位需要匹配的能力恰好是企业内部人员都不具备时，才需要考虑外部人员。

■ 面试时，把重点放在识别应聘者是否诚实守信、聪明伶俐及精力旺盛。如果你能在一个人身上发现这三个优点，那么对他而言，其他技能短板只是学习的问题。

■ 诚信或品质是最难确认的特点。观察人们展示自己的方式，他们是不是自信的同时不显得傲慢？他们是否明白自己无法回答所有问题？他们是否对自己的工作与所取得的成就感到骄傲？如果答案是肯定的，他们肯定不想让他们自己，或者说让你感到失望。他们是否提到自己和团队取得的成绩？还是只提到了自己？问问他们在过去遇到过何种道德困境以及他们的解决办法。面试问题不一定都与工作有关。如果他们想不到具体案例，说明他们很可能没有遇到过这种情况。如果有的话，引导他们说一说。

■ 一个人是不是聪明伶俐是相对好判断的。显然，首先看看他的教育经历就行。但是，他们与你或面试小组的交流可比学历能告诉你的多得多。他们回答问题时是否体现了分析水平？他们是否将问题的答案放置于你公司的情境中？他们是否拥有更大的格局？他们怎样工作才能和大家打成一片？他们对你的公司是不是既好奇又感兴趣？他们是否具备常识？换句话说，他们的想法在现实世界中是否显得不切实际？

■ 活力与热情的区别显而易见。只需问自己："我与他交谈时，是否感受到了活力？"如果答案是肯定的，其他面试官也很有可能被这位应聘者感染。

问题反思

■ 在聘用或提拔员工时，我最先关注的点是什么？
■ 我所采用的招聘与提拔方法是否奏效？

箴言 26　马库斯·贝金汉姆：管理者与黄金法则

这条箴言旨在为大家与员工和同事相处时打下基础。

黄金法则指你对待别人的方式应与你渴望被别人对待的方式一致。马库斯·贝金汉姆（Marcus Buckingham，1966—　），管理学作家，认为有效的管理方法是，管理者不能总是按照员工想要的方式去对待他们。他指出：

"最优秀的管理者每天都在打破黄金法则，因为该法则的前提是员工与管理者之间能够实现共情。比如，如果管理者具备竞争力，员工必须同样具备竞争力。如果管理者喜欢在大庭广众下被表扬，其他人肯定也喜欢。"

显而易见，人各有别。不是每个人都能与管理者对于工作的看法和态度不谋而合，也不该这样。我们每个人都有该优先考虑的事情，比如希望，比如梦想，这些东西往往与工作无关。然而，黄金法则并未涉及贝金汉姆所列出的策略问题。黄金法则应对的是人与人之间应当存在的战略关系，一种基于相互尊重的关系，一种无论我们位于公司的哪个阶层，都想要看到却几乎无处可寻的关系。

学以致用

■ 正如伊曼努尔·康德所说，必须要牢记的一件事情是，人是目的。不要将员工当作是实现你自己目标的手段，特别是在他们可能因此受伤的情况下。

■ 接受一个事实，生而为人，每个人都应当获得一定程度的无条件尊重。你也许不喜欢他们，他们也许和你意见相左，但他们和你是同类，应当被同等对待。

■ 考虑任用或提拔员工时，员工唯一可接受的评价是谁更能胜任或谁更适合这份工作。

■ 不要压榨员工，特别是那些为了做好工作而愿意无偿无限加班的员工。或者通过将他们的工作重新分配的方式来保证他们的收入和地位与他们的付出相匹配。

■ 永远别把员工的好主意归为自己的功劳。

■ 确保每个人的成就都以一种妥当的方式被大家认可。

■ 不要掉入蘑菇管理定律的陷阱，这个陷阱会让你不但忽视员工，还可能时不时打压员工。除非信息极度敏感，否则应当让员工对所有会对他们产生影响的事件有知情权。

■ 别把员工当傻瓜。他们也许没你聪明，没你学历高，但他们在一公里外就能识破管理悖论与谬误，还有装腔作势的汇报与演讲。

■ 正视员工，他们除了工作都有自己的生活。了解他们的兴趣与爱好、伴侣与子女、梦想与抱负。

■ 乐于倾听员工的想法，了解他们的关切及顾虑，并在合适的时候采取行动。通常情况下，员工都知道你并不能为他们所提出的问题做些什么。他们只是想抒发感情，让你知道他们的感受。

■ 如果你将他人视为有智慧的成年人，他们会做出同样的回应。

问题反思

■ 我对自己的员工了解多少？

■ 我视员工为同类还是将他们看作一种可以用来压榨的资源？

箴言 27　西奥多·罗斯福：为什么不该对员工进行微观管理

> 这条箴言用来提醒大家：要学会放手，让员工独立完成分内之事。

西奥多·罗斯福（Theodore Roosevelt，1858—1919）是美国第 26 任总统，同样也是一名令人尊敬的作家。在许多人眼中，他是入主白宫的三位最具智慧的总统之一（另外两位是林肯和肯尼迪）。

作为美国进步主义运动背后的主推力，罗斯福在其任期为美国社会带来了巨大的社会与政治变革。他知道仅凭一己之力无法带来变革，所以他一贯的主张是：

"最佳管理者是指那些既具备选人用人常识，又能克制自己不干预他人工作的人。"

读者需要明白这条箴言说的不是工作分配问题，而是给予员工不受干扰的自由，以及做好工作所需的决策权。

学以致用

■ 在选择合适的人选方面投入时间和精力，特别是在挑选关键岗位人选时更应如此。关键岗位可能是流水线上的监工岗位，或总会计师岗位。如果你觉得人选不合适，肯定会出现问题（详见箴言 25）。

■ 每个岗位上的员工都会从工作的趣味性、获得的成就与认可，以及肩负的责任中得到激励（详见箴言 45）。如果你总是站在背后监督他们，他们会认为你不相信他们能做好工作，这会影响他们的自信，这种情绪也会渗透到工作中，他们的业绩水平也会因此下降。所以管理者一定要抵制住想要干预的欲望。相反，应该建立一种充满信任与支持的企业文化。你可以：

——与每位员工讨论他们的工作，明确他们的责任，划定他们可以自主决策的范围。

——保持真正的开放交流。如果有员工遇到问题，鼓励他们跟你交流，但不要像许多管理者那样一边看着时间一边讨论。员工清楚被下了逐客令的感觉，下次再找你之前恐怕要反复斟酌才能迈出这一步。

——坚持让员工对任务指标与目标进程做常规汇报，但不要将汇报变成批斗会，汇报与讨论的目的是找到解决措施，而不是相互指责。

——坚持让员工第一时间将坏消息告知于你，不要迁怒于传信者。

——公开庆祝员工的成功，范围从为员工出色的工作公开致谢到庆祝员工的晋升。

——永远不要因为员工的无心之过而苛责他们。人非圣贤孰能无过，重要的是他们能从中吸取经验教训。如果犯错的原因是粗心大意、玩忽职守或只是犯了老毛病，你就该采取措施，确保此类事件不会再次发生。

■ 花儿不会因为你定期把它们从土里拔出来检查根部而开放，只有你认真浇水施肥后，它们才会盛开。对待员工也是同理。一个人获得的行动自由越多，他们在应对挑战时便越能干。

问题反思

■ 我对员工的信任度如何？

■ 我的监管对员工造成干扰的频率有多高？

箴言28　迪伊·霍克：为什么要保持简明原则（KISS 原则：KEEP IT SIMPLE，STUPID）

> 这条箴言旨在提醒大家：一定要规避因依赖过于繁琐且已经失效的体系而产生的风险。

迪伊·霍克（Dee Hock，1929—　）是威士国际组织的创始人及前任执行总裁。他指出：

"简明的目标和原则能带来复杂而明智的行为。繁琐的规章制度会导致简单愚蠢的行为。"

企业的运转是由它的系统、规则和程序决定的。不幸的是，许多企业内部的系统和程序并不是由其使用者来决定的。没错，系统分析师或顾问会与员工讨论工作需求。然而，许多员工对工作的了解都是隐性知识（详见箴言24），是人人都知道但因其存在于员工潜意识中而无法按需提取的知识。这些信息无法通过程序文件被系统化或全部提取。如果安装的系统无法为员工在必要时发挥主动权留有足够的余地，这必然会产生问题。

学以致用

■ 当员工要做正确的事却受到系统制约时："系统不允许我这么做。"诸如此类的话你听到过多少次？人是活的，系统和规矩却是死的。不要尝试将每件事都过度系统化，在恰当的时候，总要让聪明的人类拥有推翻系统的正确控制权。比如，许多年前我在从一家知名超市购买的蛋糕里发现了一小块木片。我对此进行了投诉，而那家超市的经理在没有征求任何人意见的情况下提出，我可以选一块圣诞蛋糕作为对我的补偿。我对这个结果非常满意。最近还是在这家超市，我又遇到了类似的事情，问题是和一件不值钱的小物品有关。但这次我被要求填写了一张表格，然后等了差不多四个星期，我的投诉才按照该公司的客服流程得以解决。这次我真是失望至极。

- 给员工提供企业宗旨的清晰定义，并列出员工应一直遵循的原则。就算在一家规模很大的企业，这些东西在一张 A4 纸上也能写下。如果你认为一张纸写不下，那么员工更有可能云里雾里。

- 需要说清楚的是，一旦有任何违背这些原则的后续政策或程序，都可以被推翻。更重要的是，真心实意遵循企业宗旨和原则的员工是不会感到被束缚的。

- 如果你雇佣了能够理解企业目标与企业精神的优秀员工（详见箴言 25），依据这些原则，他们是可以在必要的时候被信赖并赋予自主量裁权的。他们对特定情况的敏感度必然高于任何由缺乏实操的人设计出的系统。

问题反思

- 我是否了解自己企业的目标和原则？它们都写在什么地方？

- 当设计一套系统或程序时，我是否想让其涵盖所有可预测的事情？如果是这样，当系统的复杂性使企业员工开始抱怨时，你将如何回应这样的指责？

箴言 29　阿尔弗雷德·斯隆：例外管理的价值

> 这条箴言旨在帮助大家打破想要"安排一切"的常规。

阿尔弗雷德·斯隆（Alfred P. Sloan，1875—1966）是美国著名的企业高管，也是通用汽车公司在任时间最长的总裁、董事长及执行总裁。他因将通用汽车公司转型为可参与国际汽车行业竞争的大企业而大获好评。

作为一位工作十分忙碌的管理者，他要求所有向他提交的报告必须简短有用，他不想陷入纸张或数据中。对此，他的解释如下：

"99%的商业活动都是常规性的……所有工作都能通过管理 1%的例外而解决。"

学以致用

■ 忽略按计划进行的事情。作为管理者，给你工资的目的是让你阻止问题出现，并在问题已经出现时尽快解决。你肯定不想陷入毫无意义的数据而让自己无法发现真正需要关注的领域。比如，如果目前的工资预算是 351000 英磅，而实际工资支出为350921 英磅的话，一切都在预算之内，也没有任何迹象显示存在异常，那么我们为什么要关注这三个数据呢？

■ 与其拿到一份完整的预算报表，不如只看仅包含低于或超过预算 3—5 个百分点项目的报表。这将使你关注那些与计划不符的账目。

■ 这些差别背后也许有非常充分的理由。可能是个无伤大雅的小问题，下个月便能纠正。比如，一个客户把应在二月进行的采购推迟到三月，那么二月的营业额会出现一次下降，而三月则会多一单生意。

■ 如果背后的原因并不明显，你需要尽快弄清楚产生该变化的原因及这种变化是否有持续性。这将促使你尽快采取补救措施，尽可能减少这一变化对后几个月数据的影响。

■ 而且不仅仅只有你想了解的负向变化。在核心维护上花费减少意味着缺少专业员工或现金流紧张。无论是什么原因，你都需要了解清楚，因为这将对今后的生产构成潜在威胁。

■ 当然，你真正希望看到的是收益账户中大范围的正向数据变化，比如营业额、劳务收入或利息收入的增加。当产生这样的变化时，你如果想要确定其产生的原因，继续跟进，你可以看看能从哪些方面为其他收益账户复刻同样的正向动因。

■ 以上案例基于预算（实际）月报表。但是，该原则同样适用于任何其他的报表，比如生产时间、维护时间、单品销售额、被拒绝的工作或项目进展。

问题反思

■ 我是否知道自己应该特别关注哪些账目？

■ 我接收管理报表的速度是否足够快？可以快到能让我迅速采取补救措施并改进下次报表内容吗？

箴言 30 杰克·韦尔奇：企业管理的三个要点

> 这条箴言旨在帮助大家了解哪些是你必须要掌控并监管的事情。

杰克·韦尔奇，通用电气前董事长、执行总裁。他的理念比例外管理理念更进一步，他指出：

"想要了解自己公司的整体业绩，你只需要掌握三个要点：员工敬业度、客户满意度及现金流状况。"

他的这番话主要针对企业高管，因为这句话是站在整个集团的高度来说的。但是，它同样适用于部门管理，对于投资中心及贸易中心也同样适用。

学以致用

■ 员工敬业度比较难衡量。通常状况下，这是一种感受或体验，而非数据。通过走动管理的方式，你可以从整体层面按准公司或员工的脉搏。首先，确定你走动的目的，如探知员工对公司最近发展的感受。然后找出员工的最佳反馈部分，如产品生产及运送方面。接着你就可以出发了，但是别带纸笔。这是一次听力练习，遵循箴言 77 中的建议，你的倾听时间应至少是讲话时间的 2 倍。

■ 让员工参与讨论。为了让讨论能够顺畅地进行，一开始可以先聊聊天气、运动或最近的电视节目，然后再开始问问题，但是问些普遍性问题就好，比如"改组后一切进展顺利吗""新方法还能适应吗""你觉得咱们还能做些什么"。如果开了个好头，大家便会敞开心扉跟你说一些你待在办公室里绝对听不到的事情。

■ 通过客户反馈与投诉评估客户满意度。特别关注客户在投诉已得到处理后的反馈。出现问题,大家都可以接受。但如果你能迅速解决这些问题,就能让客户比在问题出现前对你的公司更有好感。

■ 重视与客户的会面和交谈。就像走动管理一样,绕开程序化的东西,想办法让他们跟你聊聊你的企业,好的不好的都说说。如果他们对公司或员工有批评的声音,不要百般辩解。把他们说的提上日程,并随后查证。

■ 按照你从客户和员工那里搜集到的信息行事。争取继续发挥优势,消除劣势。

■ 确保你能定期收到现金流报表(详见箴言4),并听听会计怎么说。如果会计说3个月内可能会出现现金流问题,马上采取措施。别像鸵鸟一样把头埋在沙子里,指望问题会自己消失。争取在不影响公司核心要素的前提下,寻求最佳方式来增加进账,减少开支(详见箴言5中推荐的方法)。

问题反思

■ 我每月是否能收到一到两页关于员工敬业度、客户满意度及现金流状况的报告?如果没有,原因是什么?

■ 上文提到的三个领域中哪一个是我知之甚少的?我可以怎样恶补?

箴言 31　罗恩·丹尼斯：支撑最薄弱环节

> 这条箴言旨在提醒大家：补救公司短板的必要性。

罗恩·丹尼斯（Ron Dennis，1949—　）迈凯伦集团执行总裁及董事长，旗下有家喻户晓的 F1 赛车队。考虑到 F1 赛车竞争激烈的本质，罗恩·丹尼斯下面这句话似乎有些令人吃惊，因为他提出的管理方法非常温和且有人情味。让我们来看看是不是如此：

"管理者应当总能识别出最薄弱的环节，然后提供支持和补救。"

学以致用

■ 记住，无论你管理哪个团队、部门或公司，你的好坏取决于你最薄弱的环节。你无法带领滥竽充数者一起工作，除非你的薄弱环节是老板的子女，在这种情况下你没有其他选择。

■ 找出你最薄弱的环节。这可能是一位员工、一个环节或一套程序。如果是员工，重新培训他，或者让他去做他能做好且不那么难的工作。首先对这位员工进行培训需求分析（详见箴言15），然后进行双方协商好的培训与发展项目。如果培训及（或）岗位调动并没有什么效果，你就得炒他的鱿鱼了。

■ 炒员工鱿鱼和罗恩·丹尼斯的观点并不冲突，这只是从他的思路中得出的逻辑结论。你帮助员工去提升，但是他们无法得到应有的提升，于是你只得解雇他们。如果有员工很明显不能发光发热，你不可能在这种情况下经营好自己的企业。他们的存在对生产力和员工士气都会产生负面影响，因为其他人不得不在纠正他们的错误上在花费精力。比如，在国际汽车大奖赛中，罗恩不会允许一个连换胎都能搞砸的员工再次出现在维修区的任何角落。

■ 无论任何时候，只要你对某位员工是否能按标准完成工作的能力产生疑问，都需要尽早去找人力资源部解决问题。

■ 如果最薄弱环节是一个环节、一套程序、一台机器或其他无生命物体，置换掉即可。如果你无法承受过高的置换成本，想办法降低它对你团队产生的负面影响。

问题反思

■ 在我的职业生涯中，我亲自解雇的人有多少？

■ 我是否善于裁减员工？

箴言 32　齐格·齐格勒：为什么要在员工培训上投资

这条箴言旨在为大家解释员工培训的绝对必要性。

齐格·齐格勒（Zig Ziglar，1926—2012）是美国知名的企业家、励志演说家及作家。他发现一些管理者将员工培训视为时间和金钱的双重浪费，因为一旦进行了员工培训，许多员工就会跳槽。他用下面的话对这个观点进行了反驳：

"唯一一件比培训员工后让他们跳槽更糟的事是不培训员工并让他们就这样留在你的公司。"

学以致用

■ 接受现实，任何有点常识或抱负的员工都知道，为了保持自己在人才市场中有竞争力，他们必须不断提升自身技能与知识水平。如果你不为员工提供培训的机会，最好的员工自然会离开。随之而来的便是招聘并培训新员工带来的成本，以及因他们边学边工作而降低的生产力。因此从长远来看，不培训员工并不能为你节约任何成本。

■ 培训不一定都很昂贵。大家可以通过向资深员工学习、跟随资深员工工作，或参加由供货商或顾问提供的教大家使用他们的系统或设备的免费培训，来学习如何完成一项工作或如何更好地完成工作。安排其他员工在企业内部做培训也是可行之策。比如，请会计为大家做预算控制方面的讲座，这有何不妥呢？

■ 当员工被派出接受短期课程培训时，确保公司通过与被培训员工就一系列学习目标达成共识的方式来体现出培训费的价值。培训结束后，请他们为同事做一个短期培训课程，这种培训回来后对要和同事分享培训内容的压力意味着他们必须重视课程内容。通过学习内容的连续传递，培训的单位成本也得以降低。

■ 员工去参加专业课程培训时，说好只有在成功完成课程的前提下才能为他们付培训费。如果你担心他们一拿到资格证便跳槽，提前设定资助培训的条件，课程结束后他们必须在约定时间内为公司服务。一两年时间都在合理范围内。

■ 时刻牢记，无知很费钱。比如，你认为每位员工对微软办公软件的掌握程度是多少？我也不知道答案。但是，当你一想到Excel中包含大量本科及研究生阶段的数学公式时，你便能对其使用程度有个模糊认识。假如你的员工仅能使用自己电脑系统中20%左右的软件，你的生产力就有很大的提升空间。

问题反思

■ 我对员工培训持什么态度？我将它看作是开支还是投资？
■ 我将自我培训看作是开支还是投资？

总结

对管理者而言，员工的质量决定了你的成功或失败。但是，选择正确的员工却异常困难。管理者不能错过该领域的任何一点帮助，因此我将沃伦·巴菲特的话选入十大箴言。

"有人说招聘员工时只需关注他们是否符合以下三点即可：诚实守信，聪明伶俐及精力旺盛。不具备第一点而只有后两点的员工会让你吃不了兜着走。仔细想想这句话，的确如此。如果你雇佣了缺乏诚信的员工，他们的优点若没有用在正道，优点都会变成缺点。"

——沃伦·巴菲特

依靠着自己能够在任何状况下找出问题关键所在的惯性思维能力，巴菲特总结出了所有好员工身上都有的一个关键品质：诚实守信。

以往鉴来

通过阅读本章，你可以优先关注的信息是，作为一个管理者，一定要雇佣你可以信任的具备诚信的员工。然后你可以一边放手让他们自己工作，一边通过选取一些关键指标对他们的业绩进行监管。

第四章

领导力

简介

在 20 世纪 80 年代，人们认为管理者是积极的实干家，他们取代了被认为是阻碍商业发展的行政人员。实干家们是新时代的骑士，英气勃发，临危救主。到 20 世纪 90 年代，人们认为管理者仅能在问题出现后被动应对，缺乏主动发现问题的远见。于是，新的英雄——领导者闪亮登场。

当时，行政人员充当了领导者角色，就像 20 世纪 80 年代的管理者那样，带领他们的公司走出了 20 世纪 70 年代的停滞状态。

然而，领导者并非是天生就具备管理才能的精英。他们也是穿裤子时只能一条一条裤腿穿的普通人。在阅读以下内容时请牢记这一点。

本章的结构如下：

- 箴言 33 讨论了领导者的确立。
- 箴言 34~38 概述了领导者必须做的事情。
- 箴言 39 和箴言 40 关于价值观和愿景。
- 箴言 41、42 为人们提供了一种判断他人是否具备领导力的方法。

当你在阅读这些条目时，也请思考自己每天在扮演怎样的领导者角色。你可能会对自己扮演领导者角色的频率感到惊讶，之所以会惊讶，是因为你认为自己的行为既不英勇，也没有远见，但却依然在引领他人。其实领导者只需要做两件事：一是让别人相信他能够做到（这可能是从 0~1 的跨越）：二是说服其他人加入自己。

箴言 33 沃伦·本尼斯：如何成为领导者（十大箴言之一）

> 这条箴言旨在提醒大家：通过练习，你可以成为一个伟大的领导者。

沃伦·本尼斯，美国学者、管理顾问，也是一位在领导力方面颇有影响的作家。他给自己定的其中一个目标就是揭开领导力的神秘面纱。他坚信：

"最危险的观点就是认为领导者是天生的……这就意味着我们已断定一部分人天生便具备这种特质，一部分人则没有。这么说是不准确的……领导者是后天培养的，而非先天遗传的。"

在与伯特·纳努斯合著的具有影响力的著作《领导者：管理策略》中，他描写了 40 位成功的领导者，其中许多人显然缺乏大多数人所理解的领袖魅力。

就像一个段子讲的那样，有个音乐家问纽约人："我要怎么做才能登上卡内基音乐厅①的舞台呢？"这还用问吗？答案自然是练习，练习，再练习呀！同理，人们也可以通过不断练习和实践，逐渐成为领导者。

学以致用

■《异类》一书的作者马尔科姆·格拉德维尔建议，无论你想要在哪个领域成为专家，你都需要练习 1 万个小时。这个数字

---

① 译者注：卡内基音乐厅是纽约最好的音乐厅。

似乎适用于各个行业，比如科学、体育、文学和医学。假设每周工作 36 小时，这意味着一位领导者想要成为专家，大约需要 278 周或 5.34 年的工作经验。不幸的是，这个数字可能要翻倍，因为你还会把大部分时间花在做行政、喝咖啡和参加会议上。所以，尽快开始行动吧！

■ 从你开始工作的那一天起，不要只是把自己当成会计师、经济学家、系统分析师或任何其他行业或职业的人。把自己当成一个领袖，并采取相应的行动。在学习日志中记录得失，并分析原因。

■ 阅读有关领导力的书籍。涉猎管理学教科书、领导力指南和伟大领袖的传记等不同类型的书。这会为你思考领导力提供动力。

■ 在你尊敬的领导所在的部门做几个月的兼职，哪怕只是打打杂。如果不可行，你就要观察那些大家公认的领导者在公司的行为。这些人可能不是高级管理人员，他们可能是主管或中层管理人员。在你的学习日志中，记录他们和其他领导者是如何处理具体问题的，分析他们的所作所为。

■ 无论你是一名高管还是基层领导，都需自愿主导项目，尤其是那些需要跨部门合作的项目。项目主管会帮你提出处埋问题的经验（包括人员和学科等方面），其中许多超出了常规的工作经验。这可能很难，但确实是无价的财富。

■ 如果别人说你不是一个领导者，不要气馁，只是因为你不是他们眼中那个类型的领导者罢了。撒切尔夫人受到了大部分英国民众的不满和低估，但没有人能够否认她是一位领袖。

问题反思

■ 我认为自己是一个领导者吗？如果不是，为什么？

■ 谁是我遇到过的最好的领导？他们的领导风格有哪些是我最欣赏的？

箴言 34 霍华德·D. 舒尔茨：领导者必须为下属提供意义和目标

> 这条箴言旨在提醒大家关注下属的需求。

霍华德·D. 舒尔茨（Howard D. Schultz, 1953— ）是星巴克的董事长兼首席执行官。下面这句话中，他回答了一个基本问题：为什么人们会对一个组织或领导者忠诚？

"（人们）想成为他们真正引以为傲的事情的一部分，因此愿意信任他人，愿意为之奋斗，为之牺牲。"

学以致用

■ 如果你想成为一名成功的领导者，就需要激励员工，并为他们制定目标。大多数评论家称这是一个公司可以借鉴的方法（详见箴言 40）。人们相信，他们所做的事情是有意义的，他们不会浪费生命每天去上班。比如，我离开了我的高薪岗位，从一家生产标签的公司跳槽到一家为员工提供宿舍的公司，虽然降薪了，但这是我做过的最好的决定，因为我的新工作对我有意义。

■ 霍桑在 20 世纪 20 年代和 30 年代做的实验表明，想要激励员工，一是不要让他们失望，并赢得他们的尊重，二是领导者要对每个员工的行为和想法感兴趣。

■ 领导者要确定目标，鼓励团队合作，并对每一位员工表现出真正的兴趣，让他们感受到：

——他们属于这里；

——他们有价值；

——为他们所做的事情感到自豪,为与他们共事的人感到自豪,他们所做之事皆为了公司。

■ 巧克力制造商吉百利在还是由吉百利家族经营的时候就已闻名。能在吉百利工作是所有伯明翰员工的自豪,这就造就了吉百利的员工都积极主动且十分忠诚。

■ 最后,领导者需要树立诚实正直的声誉(详见箴言 25)。员工对吉百利的承诺尤为信任,是因为它基于坚定的信念,即吉百利家族把员工的利益放在心上,并永远以体谅、公平和坦率的态度对待员工。如果你能和你的下属建立起类似的信任,就会有一群人愿意追随你去任何地方。

问题反思

■ 我对我的团队、部门或公司有什么目标/愿景?

■ 我花了多少时间和员工谈工作、挫折和抱负?

箴言 35　彼得·德鲁克：为什么说结果造就领导者

这条箴言旨在为大家提供衡量领导能力的唯一标准。

彼得·德鲁克（1919—2005）从不害怕惹怒一些人。在许多作家都在谈论伟大的管理者应该要如何具有魅力和追求变革时，德鲁克却与众不同，他指出：

"有效的领导能力不是演讲或讨人喜欢，领导力是由结果而不是属性来定义的。"

实际上，德鲁克认为，领导者是由结果而不是个人特征来定义的。如果你取得了杰出的成绩，大家会把你看作是一个伟大的领导者，他们会开始分析你的领导风格，并试图找出你成功的秘诀，供他人使用。

学以致用

■ 除非你有军队和警察的支持，否则你不能要求人们称你为伟大的领袖。领袖的头衔是由你的下属授予你的。为了吸引下属，你必须展示你的成就。一旦你这样做了，大家就会想要把自己和你以及你所做的工作联系起来，因为他们也想成为成功事业的一部分。（详见箴言34）

■ 管控预期。你应该少许诺多兑现，而且永远不要接受不切实际的截止日期，这样的期限会让你失败。相反，和你的老板协调截止日期。例如，你需要做一个项目，而你的老板建议你6个星期完成，为了延长周期，你可以这样说："我能抽出几天时间来考虑一下如何处理这件事情吗?"一个通情达理的老板对此不会有任何不满。你要全面评估工作，并确定所需时间。如果你的预估是 7 个星期，可以与老板说需要 8 个星期，然后在第 7 个星期末交工。这样的话，就是提前完工，而非拖延 1 周。(详见箴言 79)

■ 如果工作期限是固定的，仍要争取时间，只是这次要检查项目中包含的工作量，找出你能在给定的时间完成的 80% 以上的工作。一般来说，这足以满足公司的要求。项目中不那么紧急的那部分，可以在截止日期之后完成。

■ 对于所有的目标，无论是委派给你的，还是你为员工拟定的，都要用明智的标准来描述和定义它们(详见箴言 19)，即每个目标必须要具体、及时、可量化、可实现。

■ 定期与员工举行检讨会议，监察每项目标的进度。如果与预期有显著的负偏差，则采取纠正措施；若存在正偏差，看看是否可以进一步扩展。

问题反思

■ 别人给我定好了某项工作的最后期限，我是会完全接受，还是会为自己争取更多时间?

■ 在监控各项目标进展方面，我做得怎么样?

箴言 36　沃伦·本尼斯：领导者必须言行一致

> 这条箴言旨在提醒大家：想要成为领导者，必须做自己，切不可装腔作势。

沃伦·本尼斯（1925—2014）学术生涯的大部分时间都在探索领导力的秘密。以下两句箴言，可能是领导力的最佳诠释：

"领导者言出必行；真正的领导者，必须言行一致。"

"成为领导者就是成为你自己。如此简单，但又何其容易。"

正如沃伦·本尼斯第一条箴言所说的那样，要做到真诚相待、言行一致是极其困难的事情。但即使你不可能一直都做到，这仍是你的目标。

学以致用

■ 记住，员工只追随他们信任的人。他们信任那些始终如一、知根知底的人。首先，赢得员工的信任非常不容易，但是走错一步，就会失去他们对你的信任。大家希望他们的领导者是特别的，是值得他们崇拜和支持的偶像。然而，若他们看到领导者言行不一，就会认为领导者背弃了他们信任，很快就会产生幻灭感。

■ 制定出指导你职业生涯的原则，无需太多。在这种情况下，原则是你愿意为之放弃职位的东西。若你不愿意为之辞职，那你坚定的信念只是你所在的职位，待到它变得不方便时，你就会抛弃它。

■ 正如箴言 35 所言，努力降低预期。不要试图树立一个纯洁完美的公众形象。与人坦诚相待，开诚布公地谈谈自己作为领导的优点和缺点。例如，除非你是训练有素的生产工程师，否则可以说，我对我们生产团队所面临的问题有清楚的理解，但这还不够，因此我总在技术问题上征求工程师的意见。

■ 如果你不懂装懂，那么你所有的口碑都将毁于一旦。不要害怕提问，或害怕说"对不起，我不明白"。这会鼓励其他人，让他们具备提问的勇气。

■ 不要食言或违约，哪怕信守承诺会让公司付出代价。这个世界很小，失信将会给公司的利润和商誉都带来难以弥补的损失。

■ 永远不要把别人的工作或想法据为己有。

■ 用你希望别人对待你的方式去对待别人。将员工视为人，而不仅仅是可利用和丢弃的资源。（详见箴言 26）

问题反思

■ 我说话算话吗？

■ 员工信任我吗？如果不信任，是为什么呢？

箴言 37　爱德华·戴明：努力在下属中树立信誉

> 这条箴言旨在帮助大家在员工中树立信誉。

爱德华·戴明（Edward Deming，1900—1993）是 20 世纪下半叶质量改进方面的权威。他强烈批判管理制度，认为 90% 以上的问题都是由管理造成的。他认为：

"要管理一个人就必须领导。要领导，就必须了解他所负责的工作。"

领导者最大的幻觉是，如果他们能领导一家工厂，他们同样有能力领导一家时装公司，因为领导技能是通用的，因此技能可以转移。这是说不通的。领导者要想受到尊重和信任，就必须在下属中拥有可信度。员工总是对那些对自己所在行业缺乏了解的人心存疑虑。在这种情况下，"控制欲强"的领导者虽可以行使权力，强行改变，但他们永远不会有下属。

一个领导者从一个组织跳槽到另一个组织时，即使是在同一个部门，同样的问题也存在。

新的领导者要想成功，就必须了解所在公司的历史、文化和行为规范，即便能做到这些，他们也可能不会被认同。

学以致用

■ 根据你所管理的员工数量的不同，要么找时间和每个人单独坐一坐，要么挑选一个范例和他们谈谈。不要在办公室开会，去他们工作的地方，了解他们的工作，倾听他们的问题。

■ 感受一下员工的工作环境。它是一个电话铃声不断、干扰不断的疯人院，还是一个宁静的避风港？

- 和被选中的每一个人相处 1 小时左右。

- 尝试与员工分享工作经验。罗伯特·汤森德坚持认为，在 Avis 租车公司工作的每个人都必须在忙碌的机场租车服务台工作两周，无一例外。他讲述了一些高管是如何惊慌失措地逃离客户的。应政治要求选举出来的官员，不具备领导经验，他们需要花时间与一线工作人员一起工作。

- 你在公司四处走动时，睁大眼睛，记下任何让你觉得奇怪、有趣或不寻常的事情。问问你的同事或你信任的员工看到了什么。

- 将会议作为观察组织运作的一种方式。例如，观察你们的会议是民主的，还是由一两个有权势的人来管理的？

- 运用走动管理，这是与更多员工建立关系，保持联系和获取知识的一种方式。（详见箴言 30）

- 如果你对这个行业完全陌生，可以考虑让一位经验丰富的员工跟着你 2~3 个月。他们可以谨慎地建议你，什么是正常的程序或行为规范，这些反馈可以加快你的学习速度。

问题反思

- 我对员工的实际工作和他们面临的问题了解多少？
- 我能列举出支撑组织行为的三大文化规范吗？

箴言 38 亨利·明茨伯格：为什么说领导力是屡试不爽的管理模式

> 这条箴言旨在提醒大家：管理能力和领导能力之间不存在显著差别。

亨利·明茨伯格（Henry Mingtzberg，1939— ），加拿大学者和作家，在管理学领域著述广泛。近年来，他一直反对管理和领导是两个独立模块的观点：

"领导不能简单地委托管理；我们不应该把领导者和管理者区分开，而应该把管理者看作是领导者，把领导者看作是高效的管理者。"

学以致用

■ 亨利·明茨伯格没有为领导者列出一系列特质或行为，把他们作为管理的对立面，而是把他们看作是一个连续体。在连续统一体中，你所处的位置，决定了你是管理者还是领导者。

管理者关心的是……	领导者关心的是……
现在	未来
规划	愿景
维持组织运转	大局
保持现状	变革
反馈	灵感
目标	结果

续表

管理者关心的是……	领导者关心的是……
监控员工	对跟随者的影响
秩序	为下属提供目标和方向
传播组织文化	培育组织文化
把事情做好	做正确的事情
处理组织内部和周围的复杂情况	应对变化及其影响
生产顺序和一致性	制造变革
规划与预算	愿景和战略
组织结构和人员编制	用一个共同的愿景或 目标将人们团结在一起
解决问题	提前发现问题,从源头根除问题
经济与效率	有效性
坚持正确的道路	开辟新的道路

改编自麦格拉斯·J 的博士论文《管理主义领导范式:教育学的认知调查》

■ 不要用管理者或领导者的身份来看待自己。相反,把自己当作是一个扮演角色的演员。有时候你需要扮演一个管理者,专注于克服当前的短期困难,赶在最后期限之前完成任务;有时候你又要扮演一个领导者,为团队、部门或组织展示未来五年的发展愿景。这两个都是你需要扮演的角色,而这种能力,我们每个人都有。

■ 然而,尽管我们都有成为领导的潜能,但只有那些愿意把相对安全的管理抛诸脑后,独自奋斗成为领导者的人才会成功。领导能力是一项孤独而冒险的事业。你需要在离开你的员工和管理团队时,也能告诉别人说:"我知道我们需要做什么,跟我

来。"并不是每个人都有这样的自信和自尊。然而，自信是可以培养的，管理能力和领导能力同样如此。(详见箴言 14、15)

问题反思

■ 责任总是由领导者承担的。我愿意承担最终的责任吗？

■ 领导者有时不得不说一些难以开口的话。我愿意在工作和生活中表达不受欢迎的观点，并为此承担后果吗？

箴言 39　**S. K. 查克拉博蒂：组织价值观的来源**

> 这条箴言旨在帮助大家确定并形成组织价值观。

S. K. 查克拉博蒂（S. K. Chakraborty，1957—　），印度学者和作家，撰写了大量关于商业道德和价值观的文章。他指出：

"组织价值观源于个人价值观——尤其是创始人和领导层的价值观。"

作为一名领导者，你必须在树立、维护和传播企业价值观方面发挥作用。

学以致用

■ 一个有用的出发点是了解组织的价值观。这可能相对简单，也可能非常困难，以至于要找到它，科伦坡、波洛、莫尔斯和里布斯的共同努力也以失败告终。

■ 检查是否有公司价值观声明。如果有的话，在你有机会看到这些价值观在公司内部运作之前，对它持怀疑态度。在观察期间，可以留意组织所体现和未体现的价值观。

■ 价值观若没有以书面形式呈现，搜索下是否有愿景宣言或使命宣言。通常情况下，这两份文件都以该公司的价值观为基础，即使它们没有被公开陈述。同样，所见未必为真。观察公司如何对待员工、客户、供应商、股东和其他利益相关者。这可以透露很多信息。例如，如果在会议这样的公共场合，一些可怜的人被羞辱了，那么不管公司信奉的价值观是什么，这样可以说明公司都不尊重员工。

■ 如果你找不到有关价值观的书面证明，不要想当然地认为这家公司没有很强的价值观。我不知道吉百利在由吉百利家族经营时是否曾起草过一份价值观声明，但他们每个员工都知道公司的价值观建立在贵格哲学的基础上，而这一点在他们公司所做的每件事上都得到了印证。

■ 如果你没有发现任何书面的东西，那就观察一下，并和同事谈谈，看看他们认为的组织价值观是什么样的。

■ 如果你发现组织没有任何价值观作为指导，或者这些价值观被忽视了，那么根据你的资历，你必须做出决定。中层管理者或初级管理者不能把他们的价值观强加给组织；而高级管理者可以，只要他们得到高级管理团队和董事会的支持。当然，如果你是董事长或首席执行官，你可以开始改变公司的文化，但要确保你考虑过如何应对反对你的想法的人（详见箴言61、63）。

■ 在缺乏组织价值观的情况下，你可以根据自己所信奉的一套价值观来管理自己的员工。这套做法在其他部门也同样适用。

■ 价值观与你的行动有关，与你说了什么无关。这套价值观需要被员工认可，并在他们做任何事情时都要无意识地表现出来。而只有当员工在无意识的情况下都能应用这套价值观，你才能宣告价值观的普及成功。

■ 记住，只有你毫无偏袒，才能赢得一切。

问题反思

■ 作为一个人，一个管理者，我需要被什么样的价值观引导？

■ 我是否知道组织价值观是什么？为了维护价值观，我应该做什么？

箴言 40　克劳德·I. 泰勒：愿景建设

> 这条箴言旨在帮助大家与员工进行沟通，同时表达你的期许。

克劳德·I. 泰勒（Claude I. Taylor，1925—2015），曾多年担任加拿大航空公司董事长。他指出：

"显然，一个领导者需要对组织及其发展方向有一个清晰的愿景，但这个愿景是能够激发热情并实现承诺的，否则这个愿景就毫无意义。领导力和沟通能力是密不可分的。"

学以致用

■ 许多愿景宣言都是难以实现的。愿景宣言与使命宣言、目标不同。这是公司的渴望，也是你对组织的期望，那个高度可能很难达到，但这是推动公司前进的动力。这意味着与员工、客户和其他利益相关者沟通，是有意义的、清晰的、可理解的。

■ 不幸的是，太多的组织发表了冗长的愿景声明，大家难以理解，也难以记住。当我们不能以大家能够理解的方式来分享公司愿景时，就会弄巧成拙。把愿景宣言贴在每个地方都不能解决问题。如果让 20 个人自由发挥，他们对一份声明的理解都会有所不同，而且很难将其与自己的工作联系起来。

■ 使用以下策略确保所有员工理解，认同组织愿景：

——用清晰简单的语言写下任务，不要使用专业术语或管理术语。

——不断地优化表达，直到把信息浓缩到少于 20 个字。

——安排一连串员工简报会，介绍有关声明，并解释管理层的意思。无论你的陈述多么简单明了，这都是至关重要的。因为高层和下属的对同一件事的理解往往不同。例如，"更高效地提供服务"意味着在管理投入一定的情况下确保产出最大化，但对一线工作人员来说，是裁员。

——允许员工提问，并如实回答。如果有人误解了你的意思，不要害怕告诉他们，但是要接受这种说法是模棱两可的可能性。

——不要等着员工问"我怎样工作才有助于实现愿景？"，告诉他们的工作有多重要。给他们举几个简单的例子，说明不同的工作如何有助于实现愿景。例如，有人可以生产一件很棒的产品，但如果有人包装不小心，在运输途中损坏了，客户就不会高兴了。

——领导者和管理者需要在日常工作中不断参考愿景宣言。在问题出现时，大家应该主动思考，按照我们的愿景宣言来处理这个问题的最佳方式是什么。如果这意味着需要忽视程序或流程，那就顺其自然吧。任何人都不应该因为将愿景声明置于琐碎规则之上而受到批评。

问题反思

■ 我可以一字不落地熟记组织愿景吗？我可以给我的员工解释它吗？

■ 我对愿景宣言的价值观持怀疑态度吗？如果是，这会如何影响我的员工对愿景宣言的态度？

箴言 41 多丽丝·卡恩斯·古德温：为什么需要有人对领导者提出反对意见

> 这条箴言用以帮助你从身边的人身上获取想法。

多丽丝·卡恩斯·古德温（Doris Kearns Goodwin，1943—　），美国传记记者、历史学家和政治评论家。她认为，通过听取各种各样的意见，领导者可以有效提高决策：

"优秀的领导者需要听取不同的意见。他们可以不同意员工的观点，员工也不用担心被报复。"

学以致用

■ 承认自己有偏见，我们都一样。基于我们过去的经验和成长经历，我们对很多问题都有自己的看法，但也有很多问题我们几乎一无所知。在面临一个决定时，这些观点会在你的意识或潜意识层面上成为你思考的一部分。你需要身边的人质疑和挑战你已经成形的想法，暴露你的偏见，这会让你重新思考。

■ 问题是这样的人凤毛麟角，因为在许多组织中，无论什么时候，若有人贸然出头，和老板意见相悖，这种人就会被解雇。许多管理者和领导者说"我不想我身边都是这样的人"，仅仅是因为他们讨厌在下一次会议上又受到挑战，所以他们会镇压任何胆敢不同意他们的可怜人。被雪藏或遭受冷落的人，只有当他们能够重复诸如"我完全同意"和"这是个好主意"之类的话，并让人信服时，才被允许再次出现在公众面前。

■ 一个强有力的领导者不怕员工和同事提出建设性的异议，

所以鼓励员工挑战他的想法和观点。不要对别人的观点置之不理，公平地评估，如果有用，那么欣然改变自己的观点。如果你决定拒绝一项建议或推荐，那么你要解释你做出这个决定的原因。

■ 让员工知道你不会解雇与你意见不同的人或对他们怀恨在心，这样你才有了与同事和员工之间真正对话的可能。

■ 敢于质疑老板、权威、公认观点和现状的人，会带来新的想法，这是企业尚未开发的巨大资源之一。如果你可以接受这些人，你会成为别人眼中一个更成功的领导者，因为你的事情会完成得更漂亮（详见箴言45）。而一个伟大的领导者形象也会树立在你员工的心里，因为你愿意聆听，给予他们尊重并激励他们，允许他们自由改变自己的工作方式。

问题反思

■ 在会议上被员工挑战后，我是听不进去，转而开始挑刺，还是对对方说的话感兴趣？

■ 开会总是由我负责吗？我是否应该经常退居二线，只做听众？

箴言 **42**　约翰·昆西·亚当斯：如何能知道自己是一位领导者

这条箴言旨在帮助大家评估自己对下属的影响。

约翰·昆西·亚当斯（John Quincy Adams，1767—1848），美国政治家和第六任总统。他对领导者的定义是基于他们对下属的影响。因此他说：

"如果你的行为能够激励他们有更多的梦想，学习更多的东西，做更多的事，成为更好的人，那么你就是领导者。"

学以致用

■ 下属不仅仅受到领导者成就的鼓舞，他们也受到领导者故事的启发。他们是像华尔街的戈登·盖柯那样冷酷无情、野心勃勃、贪婪成性而获得成功的领导者，还是像《生活多美好》中的乔治·贝利那样，总是把他人的需求放在首位而成为镇上最重要的人的领导者？换句话说，大家会受到领导者性格和价值观的影响。如果大家认同你的行为、价值观和性格，那么你就很有可能成为一位领导者。语言也能激励和鼓舞人。丘吉尔和马丁·路德·金都曾在最黑暗的时期用语言激励他们的下属。但如果他们的行动与他们所说的不一致，这些话听起来就会平淡无奇，毫无意义。尽管危险重重，丘吉尔却在第二次世界大战期间一直待在伦敦；马丁·路德·金知道自己面临着被警察和警犬、州警和"忧心忡忡的公民"袭击的风险，包括三K党的威胁，但他还是站在了许多游行队伍的前列。如果你的言行一致，大家就会信任你，追随你。

■ 信息的传达是一个难题。丘吉尔和马丁·路德·金都是伟大的演说家，他们两人都学过演讲，都擅长组织演讲，力求达到最佳效果，并能创造出只要说话就必有经典名句的神话。你不必成为一个伟大的演说家，你只需要用清晰、简单的词语和明确的陈述与你的下属交流。但是，你说的话一定要真诚。你必须相信它，如果你这样做了，听众会从你的声音中听到。不要害怕带有情绪，这表明你关心别人，你所说的对你有意义；它让你更有人情味并能吸引你的听众。

■ 我们总是以貌取人（详见箴言 13）。刚开始工作时，你可能需要遵守公司的着装规范，比如深色西装/连衣裙，或是 T 恤和牛仔裤。当你成功时，你可以采用适合自己的风格。这将成为你形象的一部分，人们会把它与你联系在一起，衣着不会减弱你正在传递的信息，甚至可能增强它。

■ 不要害怕去激励别人。人们想要被激励和吸引。

问题反思

■ 我是否言行一致？

■ 在我的生命中，是谁启发了我，谁鼓舞了我？

总结

沃伦·本尼斯和亨利·明茨伯格的话都是"十大箴言"的有力竞争者。他们都在试图打破这样一个迷思，即领导者不是天生的，但所有领导者都拥有特殊的天赋。如果我们要培养足够多的领导者，让我们在企业和公共职能部门都能取得进步，就必须消除这种谣言。最后我选择了沃伦·本尼斯的这句话，因为它简单明了，而且更有说服力。

"最危险的观点就是认为领导者是天生的……这就意味着我们已断定一部分人天生便具备这种特质，一部分人则没有。这么说是不准确的……领导者是后天培养的，而非先天遗传的。"

——沃伦·本尼斯

如果你仍然不相信领导能力并不是天生的特殊能力没什么关系，可以看看我在为这本书做研究时发现的下面一句话。这是我用过的唯一一句引自官方的话：

"领导力的关键在于你必须不断停下来，思考你的决定将如何影响他人。"

——美国密歇根州警察局

这样的定义让领导力离我们并不远，并且可以成为每个人都可以拥有的素质。

以往鉴来

我想你们从这一章得到的收获已经很明显了：每个人都可以成为领导者，包括你，只要你愿意付出行动，大胆尝试。

第五章

动机与激励

简介

各位读者应该都能明显感受到我对彼得·德鲁克的敬意。我和许多人一样，都认为他是管理学领域迄今为止最重要的专家。因此，我在写本章时诚惶诚恐，因为德鲁克曾指出："我们对动机一词一无所知。我们能做的只是把它写进书里。"

现在，我同意德鲁克的观点。我甚至不确定是不是所有动机都是与生俱来的，被管理者称为动机的东西是不是仅仅对某个人或某个群体内部的动机流动产生了影响，而非创造了动机（这句话看起来深奥到足够写篇博士论文了，但我显然没打算这么做）。

接下来我想尝试从不同角度搜寻有关动机的蛛丝马迹。本章结构如下：

■ 箴言 43 讨论在多少（可能是大多数）组织中，管理从制度上像约束小孩子那样管住了成年人？

■ 箴言 44、45 探究了人们到底多么需要做有意义的工作。

■ 箴言 46、47 探讨了管理者能够如何激发员工的自我动机（有时指自我激励）。

■ 箴言 48 指出，与许多其他事情一样，一个善意的词汇能够对员工的动机产生重大作用。

阅读本章时，思考下你最近采用了哪种激励方法，哪种方法会让你在今后用起来觉得比较舒服。

箴言 43 罗伯特·弗罗斯特：在职场中保持头脑清醒的重要性

> 这条箴言旨在提醒大家：应当把员工当作心智成熟、思维正常的成年人。

罗伯特·李·弗罗斯特（Robert Frost，1874—1963）是美国诗人，四次获得普利策诗歌奖。他的诗歌经常讲述普通劳动人民所经历的艰难困苦。他下面这句话很好地反映出了他对劳苦大众敏锐的观察力：

"大脑是绝妙的器官。早晨你一睁眼，大脑就开始运转，直到你走进办公室的那一刻，它才会停止转动。"

幽默的字里行间，表达出一个对各级管理层的诉求，那就是我们都要能认识到的是，员工不是只会干活的机器，他们是有智识、会思考的人，他们会在工作之外买房子，操持家庭，精打细算地过日子，为将来做规划，也会开展或参与各种需要奉献和良好管理技能的活动，比如，为业余戏剧作品做导演、组建乐队、在医院和济贫院做义工，诸如此类的活动根本列不完。

"好了，这 8 个小时我不需要你了。"

不幸的是，大多数人在工作时却被像孩子一样对待——他们的一举一动都被某个环节或流程约束，他们提出的建议会因为管理层轻蔑的态度而被忽略。所以他们上班时会关掉 90% 的大脑功能，只做一个漫不经心、意志消沉的工作机器。

学以致用

■ 别再把员工当成小孩子了。从现在做起，立即把他们当成得到机会就能为公司做出巨大贡献的成年人。（详见箴言 45）

■ 让员工参与决策过程（详见箴言 54）。参与程度由你决定，但是当你在做每一个会影响到员工及其工作的决定时，至少应该听听他们对这件事的看法。

■ 鼓励员工担任领导（详见箴言 33）。每个足球队都有队长，但是球队教练们还是不断跟许多球员强调"要在球场上做真正的领导者"。工作中也需要同样的多级领导模式。

■ 向员工表达他们的工作对公司是多么重要，是他们贡献的力量使得公司取得了全面成功。（详见箴言 44）

■ 借鉴赫茨伯格的理论来激发员工的积极性（详见箴言 45）。特别要注意的是，至少给每位员工的工作中都安排些有趣又有挑战性的任务。这也许意味着你将要在员工中重新分配平淡无奇的那部分工作。此外，员工出色地完成某项工作后，一定要对其给予认可。

■ 与员工定期交流。认真倾听他们提出的有关提升客户服务的想法（详见箴言 10）。此外，问问员工目前面临的问题是什么，一起讨论下可能的解决办法，然后跟进后续问题，确保他们在解决问题时采取了已经过检验和纠正的措施。

问题反思

■ 我每天工作时动脑吗？

■ 我与员工有哪些工作之外的能力可以转化为工作能力，我对此了解多少？

箴言44　肯尼斯·布兰查德和斯科特·布兰查德：告诉员工，他们所做的工作至关重要

> 这条箴言旨在帮助大家给员工传递一个信息，他们的工作为什么很重要。

肯尼斯·布兰查德（Kenneth Blanchard，1939—　）因与保罗·赫塞开发的情境领导模式而广为人知。他经营了一家自己的领导力咨询公司，斯科特·布兰查德（Scott Blanchard）在这家公司担任讲师及主旨演讲人。

在一个我们大多数人都充当小小螺丝钉的世界中，很少有人能够从头至尾地参与工作中的每一项流程。这使得员工很难从成果中看到自己的贡献，无论是何种贡献。肯尼斯和斯科特指出，管理者应当：

"将个人角色与企业目标联系起来。当员工看到这两者间的联系时，便能从工作中获得许多能量。他们将在工作中感受到重要性、尊严及意义。"

学以致用

■ 如果你的团队对企业的全方位成功所做出的贡献并不显眼，画一张组织流程图。

■ 这幅组织流程图与组织架构图不同，相反，这是一张能够反映你的团队目标成就在企业内部流动的思维导图。将你的团队贡献当成一条流入较大支流的小细流，直到它汇入大河，大河再

注入海洋。河流与海洋的交汇处便是企业达成预期目标的地方。

■ 你不需要体现其他团队和部门对企业最终成就所做出的的贡献。你只需体现出自己团队在全局中的贡献即可，简单明了。比如：

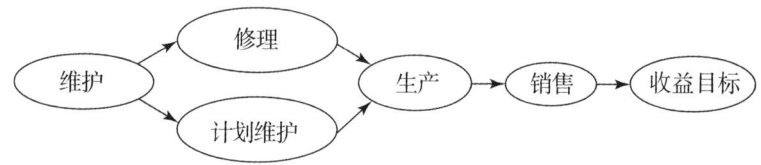

■ 画好组织流程图后，便可向员工展示，并着重强调他们在公司中所扮演的重要角色，以及他们的工作失误将会对公司整体带来怎样的影响。在此情境下，你也许会言过其实，为的是能体现出他们的贡献对最终结果的重要性。

■ 展示过后，请所有员工画出自己的思维导图，然后在图上标出他们的业绩和所做的工作将怎样推动团队实现目标。你会惊讶地发现，实际上没几个团队成员知道自己的工作可以如何为团队的集体成就做出贡献。在一些规模庞大的部门或团队里更是如此。

■ 与每位员工就他们的思维导图进行探讨，纠正其中理解有误的地方，再次强调他们对于团队及公司的价值。

■ 你的指导方针是要时刻强调团队中员工和同事们所做工作的重要性。你的目标是让员工们知道：他们所做的工作至关重要。

问题反思

■ 对于我和团队的工作可以怎样推动企业实现目标这件事，我自己是否有充分认识？

■ 我的员工对他们对于企业的正常运转及良好发展所做出的贡献了解多少？

箴言45　弗雷德里克·赫茨伯格：激动从何而来（十大箴言之一）

这条箴言旨在帮助大家为员工创造进行自我激励的条件。

弗雷德里克·赫茨伯格（Fredrick Herzberg，1923—2000）是管理学领域的著名学者和作家。他的关键兴趣点在于那些能和不能对员工产生激励作用的因素。他最重要的一项发现是薪酬并不像人们想象的那样是最大的激励因素。他指出：

"真正的动机来源于成就、个人发展、工作满意度及他人的认可。"

赫茨伯格找出了一系列对动机产生影响的因素。这些对员工产生正向激励作用的因素被称为激励因素。而那些在员工工作低于预期标准时对员工产生负向激励作用的因素被称为保健因素。如：

激励因素	保健因素
能为员工带来挑战的有趣工作	工作环境和（或）整体员工设施不尽如人意，如员工餐厅不够好或员工与管理层的交流不够顺畅
工作对于员工个人及他们认为重要的事情有意义	薪酬待遇与职业安全感跌出可接受范围或受到威胁
安排工作时有选择的自主权及决策权，完成工作时有足够的资源	公司的规章制度、政策方针及工作程序不但没有起到帮助作用，反而处处妨碍员工
管理层对员工工作成就的认可；更上一层楼的可能性：如得到晋升或被安排做更有难度的工作	不融洽的同事关系

学以致用

■ 缺乏个人自豪感或对工作完全不在乎的人，是很难被激励的群体。尽量聘用那些在工作中尽职尽责、热情饱满、有强烈自我动机而且为自己和工作感到自豪的员工。（详见箴言46）

■ 抓住每个能更深入了解员工的机会，包括日常对话、各种会议、培训活动及团建应酬等。你越了解员工，就越能摸清他们的脾气，知道什么能够激励他们，什么能够激怒他们。

■ 不断监控保健因素，确保每一项都在可接受范围内。

■ 确保每位员工的工作是一个充满趣味的有机混合体，既包含常规工作，也不乏核心任务。不要把所有无趣的工作都安排给同一个人，必要的话，重新进行工作分配。如果你自己愿意承担些乏味无趣的工作，将会有助于促进团队精神。但是，无趣的工作也要适可而止。（详见箴言20）

■ 明确告诉员工，他们所做的工作对公司至关重要。（详见箴言44）

■ 与每位员工探讨个人工作目标，并达成一致。赋予每个人完成各自工作的责任，以及他们认为工作中所需的决策权。他们将为自己的工作与决定负责。（详见箴言68）

■ 记住，一定要公开表扬表现优异的员工。员工也许会不好意思，但这并不代表他们内心不想得到认可。

问题反思

■ 我是一个会产生自我动机的人，还是一个需要通过他人的言行激励才能产生动机的人？

■ 为了激励员工，我尝试过哪些方法？在我想要激励员工时，是否考虑到了他们的个体差异？

箴言 46 汤姆·彼得斯：自我激励

> 这条箴言旨在提醒大家：在激励员工方面，管理者的作用虽然有限，但不可或缺。

汤姆·彼得斯（Tom Peters，1942— ）在成为赫赫有名的管理学大师及管理学畅销书作家前曾在麦肯锡公司担任管理顾问。他喜欢创新思维，指出只有员工自己可以激励自己：

"常识认为管理者必须要学会如何激励员工。事实并非如此，因为员工可以自我激励。"

人们一直对动机的本质这个问题争论不休，彼得斯的观点只是其中一部分。常见的争论包括：动机是内在的还是外在的？如果他的观点是部分正确的，那么你应该做些什么？

学以致用

■ 不要放弃尝试激发员工的动机。遵循弗雷德里克·赫茨伯格的建议，创造员工能够自我激励的条件。（详见箴言 45）

■ 在工作中，你会遇到一些明显很上进的人。通常情况下，你与这些人之间存在的问题是如何控制并传递他们的能量。其他人似乎觉得工作量很大的一天该挣一周的工资。为了避免这种问题，你需要有能力判断自我激励的迹象，尤其是你在任用或提拔员工时。

■ 所有选拔过程，包括面试，都难以预判一个人能否做好某项特定工作。如果可以从内部提拔员工，这样的风险就可以降低。通过这种方法，聘用一个只想游手好闲的员工的概率得以降低。如果是公司内部的员工，那么你已经很了解他们，知道他们能做什么。基于这样的了解，你可以在对事实充分了解的前提下做出预判，判断出他们被提拔后会有怎样的表现。

■ 无论你任命的是内部员工还是外部员工，都应确保：

——这个人应该拥有个人自豪感。这样的员工是对自己最严苛的批评者，总是对自己提出很高的要求。他们不想让自己失望，往远点说，是不想让你失望。

——这个人应该有强烈的自我动机。这样的人总是高标准要求自己，这一点应当是可以确认的，因为只要可能的话，他们会想要一直保持高水准并不断超越。

——这个人应当是个热情饱满、值得信赖的人。热情能在他们回答问题、和你聊与组织相关的话题时表现出来。至于可信度，对于外部候选人，你需要收集一些信息作为依据；对于公司内部人员，则需要请生产线管理者对该候选人做相关评价。

——这个人应该格局够大。这是一个员工是否适合承担高级管理职位的首要指标。高管们必须能够从公司整体的角度看问题，而不是从会计师、工程师或市场营销经理的角度看问题，有时这需要他们将自己的专业技能及社会经验抛之脑后。

■ 最后，看看这个人是否具备常识。众所周知，这是所有品质中最不同寻常的一点，但也是优秀管理及与之相关的一切能够得以实现的基础。

问题反思

■ 在我看来，员工在工作时靠的是自我激励还是管理者激励？

■ 如果员工确实能够自我激励，我给出的激励会对他们造成怎样的影响？

箴言 47　乔治·巴顿将军：在任务分配中实现激励

这条箴言仅适用于你信赖的人。

小乔治·史密斯·巴顿将军（General George Smith Patton Jr.，1885—1945 年），美国陆军军事将领，他可能是第二次世界大战期间所有盟军将领中最具进攻性的一位，也是令德国纳粹最闻风丧胆的一位。

他对自己的部下有着高标准、严要求，对他们的能力信心十足。他指出：

"永远不要告诉别人该怎么做。只要告诉他们做什么，他们便能用自己的精明强干令你刮目相看。"

学以致用

■ 巴顿将军说上面这句话的部分原因是他确定自己不用耐着性子和傻瓜相处。如果你是他手下的兵，要么达到他的要求，要么他把你从队伍里踢出去。没有理由，干净利落。他只要最好的兵，因为他认为自己是最好的将领。箴言 25 和箴言 46 都针对如何选择最好的员工给出了建议，但是即使你完全照搬，还是很有可能遭遇失败。当遇到问题时，按照正确的程序让表现欠佳的员工离开你的团队。这么做也许很花时间，但是团队里留下的人很快会意识到你只要最好的员工，并且会提升他们的水准与竞争力。他们的自信也会随之提升，他们所做的每一件事都不会令你、其他同事和他们自己失望。

■ 建立一支具有集体荣誉感、士气高涨的团队后，员工们不再会因为你的一条命令产生束缚感，比如"我想安排你做这件事，告诉我什么时候能完成"。他们会把你的话当成是你信赖他们的标志，非常渴望这种能够令你记住他们的机会。相比于由你告诉他们怎么做，他们自己找到上策的概率更大，因为他们在工作中拼尽了全力。你问我为什么这么肯定？答案很简单。你没有那么多时间把所有精力都放在努力寻找最佳答案上，因此，你所发出的每一条指令只是基于粗浅的判断，当员工试图沿着你设定的轨迹往下走时，其实已经被你限制了。

■ 在执行员工的想法前，确定已经对其计功行赏。这么做将会大大提升他们的自信，以及对你这位领导的忠诚度。

■ 箴言 46 指出只有员工自己可以激励自己。巴顿将军的方法似乎也认可了这个观点。他为下属们创造了能够使他们自我激励的条件，包括对他们卓越表现的期待。

问题反思

■ 我相信团队中哪位员工的处事能力？
■ 我是否有信心交出对员工的掌控权？

箴言 **48** 约翰·伍登：体现关怀很必要的原因

这条箴言旨在揭示赞扬与感谢在职场中的力量。

约翰·伍登（John Wooden，1910—2010）是美国著名篮球运动员、教练，曾获得十次美国大学生篮球联赛总冠军，其中包括史无前例的七连冠。他倡导的许多理念，包括他所撰写的《成功金字塔》一书，都被美国商界争相采用。他有一条被多次引用的金句：

"争取一切机会去表达你对员工的关怀。小小的手势往往能带来大大的收获。"

听起来很简单是不是？但是想想上次你的老板对你说"做得好"是什么时候？说真的，你上次对你的员工说这句话又是什么时候？上次向你的员工致谢又是什么时候？

学以致用

■ 抓住每次能够了解并熟悉员工的机会，包括日常交谈、开会、工作期间在办公室相遇、午饭、社交活动及其他任何你能想到的机会。了解他们的工作情况、他们面临的问题、他们对工作满意或不满意的地方。你在越多的场合下表现出对员工关注，对他们的工作压力表示越理解，他们就越珍惜你的表彰与褒奖。

■ 当你发觉员工的工作表现很不错时，要马上给予好评。有关反馈的每一件事情都在告诉我们一个道理：反馈越及时，影响越深入。但是，如果你发现员工在犯错时，千万要等到只剩他一个人时再悄悄告诉他。当众让员工难堪可是大忌！万万使不得！

■ 仅仅因为你在看到某件事时已经说了"做得好"并不意味着你不需要在员工会议上再次提及此事。当众被夸奖时，员工也许会觉得不好意思，但却会因此窃喜。

■ 如果员工在工作或家庭中遇到问题，让他们知道你很在乎他们的感受。如果员工的家人生病，简单问候下病人的状况并（或）提出让他们在至亲生病时在家工作，会使你们的关系更加牢固。

■ 如果员工身边最近有好事发生，比如有家人取得了成就，或者听说他们即将升级为父母或祖父母，为他们庆祝。

■ "谢谢你"永远是很有分量（魔力）的一句话。想想你上次开车时给别人让行，但他们并没有表达感谢的场景。这太令人不爽了。我们都曾经历过的状况是自己在工作中鞠躬尽瘁，却无人赏识，这种感觉同样很糟糕。

问题反思

■ 我在向员工表示关怀这方面有多擅长？

■ 我对员工的生活了解多少？

总结

本章的十大箴言显得我有点偏心。赫茨伯格的激励因素与保健因素与我的观点不谋而合，我认为动机主要是存在于个体中的一种内在力量。管理者的工作是激发这种力量的流动并帮它扫除障碍。因此，管理者需要尽可能减少那些会带来阻碍的保健因素，同时努力营造这样的条件：

"真正的动机来源于成就、个人发展、工作满意度及他人的认可。"

——弗雷德里克·赫茨伯格

以往鉴来

显然，不同的人感受到激励的点也不同。因此，去了解自己的员工、他们的喜好与厌恶之事、他们的理想与个人情况等至关重要。换句话说，你应当对他们个人有所了解。假设你有 200 名员工，这就有些难以实现了。你需要团队领导、监督者、初级管理者及其他人替你完成这个任务。因此，应该培训关键岗位上的员工，让他们了解你的想法和期待，并学会如何正确地去对待你的其他员工。

第六章

决策

简介

在管理学术语中，决策能力是区分中层和高层管理者的分水岭。优秀的决策者之所以能成为高级管理者，是因为他们会考虑全局，而不只是问题的一个方面。管理者往往从自己的专业背景来看待问题，这种思维惯性降低了他们的效率，因为这种偏向，他们无法做出最优选择。若你想在你的职业生涯中取得进步，或成为一个更好的决策者，你需要避免这个陷阱。

这章范围更广，任何两个条目之间都没有过多重叠的部分。我们找到最有可能重叠的是箴言 51 和箴言 54。然而，这两条箴言的差异仍然很明显。肯尼斯·布兰查德建议由员工当家作主，而罗莎贝斯·莫斯·坎特则建议管理者利用从一线员工那里收集来的信息。

我们都有自己的决策方法，阅读本章时，请试着确定 1~2 个可以轻松变成自己思想的方法。如果方法奏效，就可以尝试。不要试图一夜之间改变自己的方法。这样风险太高，方法侧重于"推进"，而非"推翻"。

箴言 49 罗伯特·汤森德：简单决策

> 这条箴言可作为决策指南。

罗伯特·汤森德是安飞士租车公司的首席执行官，也是 20 世纪 70 年代畅销书《向上管理》的作者。他认为工作是有趣的，如果你不喜欢它，就应该去做一些自己喜欢的事情。

他的著作中几乎没有管理理论，他所说的是，他把安飞士从一个毫无希望的公司变成美国汽车租赁行业中第二大公司的经验。他指出：

"世界上无非只有两种类型的决策：一种会让改变代价高昂，另一种则不会。"

并非每个人都是优秀的决策者。有些人花时间收集数据，不放过每一处小细节。另一些人几乎不看数据，火速做出决定，这些举动在旁观者看起来是漫不经心、过于冒险的。有趣的是，没有研究证明哪种管理风格更有效。这是因为，决策是关于未来的，没人可以精确做到。在每一次的决定中，运气都起着重要的作用。

学以致用

■ 要有自信做小问题的决策，要有用少量信息进行快速更正的能力。收集信息的成本，可能比做出错误决策还高。但是，在做重大决定的时候，要三思后行。

■ 如果遇到小问题也犹犹豫豫不能果断决策，别人会觉得你不够有魄力。

■ 做出重大决定或者难以更改的决定时要三思后行，这样的决策需要数据的支撑，数据可以不完整，但一定要充分。对信息"充分"的定义要取决于做的决定是什么，怎么做，以及可以承受多大的不确定性。一定不能将收集数据作为拖延决策的借口。

■ 做决定时，你不可能有完整的数据（如果有数据，就没有必要做决定了），你应该对你要做的事情进行批判性的评估。自问数据是否可能受以下错误的影响，如假设、想法、计算和预测等（包括客户数量和现金流，或对风险的低估）。

■ 展望未来应该注意的是，会计师学习的是悲观、谨慎的决策，而销售人员受到培训和团队文化熏陶后，则过于乐观。

■ 永远都要进行决策后的审查。如果不这样做，你就错过了一个可以在你的决策过程中找出弱点和优势的很好的机会，这两者都可以提高未来的绩效。（详见箴言69）

问题反思

■ 决策前，我需要什么样的数据？

■ 在大大小小的决策中，我是否需要改变自己所需的数据量？

箴言 50 赫尔加·德拉蒙德：为什么不该对损失穷追不舍

> 这条箴言可作为大家制定决策时的第二个原则。

赫尔加·德拉蒙德（Helga Drummond），英国利物浦大学管理学院教授，主要研究领域为决策科学，曾撰写过大量关于决策的著作，包括《经济学家决策指南：多做对的事，少做错的事》。

赫尔加认为，决策者所犯的一个主要错误是不知道何时止损：

> "做一个错误的决定已经够糟糕了，而沿着错误的决定往前会让你把钱浪费在错误上，简直是错上加错。"

学以致用

■ 上面是一句简单的箴言，其含义一目了然。然而，由于决策者的自我，在现实生活中运用这条箴言可能极其困难。错误发生时，决策者们的自尊心会阻止他们进行理性分析，他们全试图通过不断砸钱来维持或恢复声誉，希望最终一切都会好起来。切记不要让自我意识压倒了理智。

■ 做决策时，不要考虑已经付出的成本。不管你怎么决策，钱已经没了。在一个项目上损失 1000 万英镑，这的确让人心痛，但如果试图挽救一个失败的项目，并在这个过程中又花 2000 万英镑，这就更让人痛心了。做决定时，只考虑未来的现金流。例如，若你已经在一个项目上花了 300 万英镑，而完成它还需 400 万英镑，那么将这 400 万英镑与未来的现金流（而不是 700 万英镑）进行对比，如果预期收入预计超过 400 万英镑，就可以继续下去，但如果低于这个数字，你就可以放弃。

■ 永远不要觉得我们已经在这个项目上花了很多钱了，我们必须从中回点本。这样的想法让决策者试图挽救他们的声誉，试图用已经花出去的钱去做任何事情。这种做法是不明智的。

■ 好胜心强、自私自利、执迷不悟的人最有可能计较损失。他们无法忍受自己可能错了，而现在他们的同事和其他人会发现他们错了。不要让别人对你的看法左右你的决定，要知道什么时候该放弃。

问题反思

■ 我是否曾因自己的决定而计较过损失？我为什么要这么做？

■ 我在做决定时是会变得情绪化，还是会保持冷静？

箴言 51 肯尼斯·布兰查德：将决策权下放给一线员工

这条箴言旨在提醒大家：一线员工也许能比你做出更好的决定。

肯尼斯·布兰查德，管理学专家、作家，著有《一分钟经理人》系列丛书。他还对决策感兴趣，并提倡将商业决策的责任降到尽可能低的水平：

"如果你想让一线人员做出决策，就要让他们像管理者一样掌握更多的信息。"

我完全同意上述观点。然而，我不认为一线员工应该掌握和管理者相同的信息。管理者根据已总结好的信息进行决策，管理者级别越高，信息就越简短。这是因为高级管理者必须处理整个组织的问题，没时间阅读具体的如包装问题的详细报告。另一方面，包装部门的管理人员掌握着大量的详细信息，比如具体的包装问题是什么以及解决方案是什么。实际上，包装经理比任何高级管理者拥有更丰富的信息。如果他们没有掌握这些信息，他们就没有做好自己的工作。

学以致用

■ 让尽可能低级别的员工参与决策过程，无论是管理人员、主管，还是员工个人。有时，可能会因决策太重要或太复杂而无法委托，但帕累托原则（详见箴言 55）告诉我们，80% 以上的决策可以放心委托。

■ 明确每个决策者的权力边界。例如，包装经理可以做 4.5 万英镑以下的所有决定；5～15 万英镑的决定由包装经理的上级通过；超过 15 万英镑的决定可以由包装经理提议，但必须根据具体情况获得更高级别领导的批准。

■ 进行培训需求分析（详见箴言 15），对决策技巧知识薄弱的管理者进行培训，如对现金流理解不足等。

■ 与决策者一起，确定他们日常工作所需的信息，如金融、生产和销售等领域的信息。还应向整理这些信息的人员说明，管理人员可能要求他们在必要时临时整理信息，这样的请求应该被重视而非忽略。

■ 任何人都不应该因为做了一个糟糕的决定而受到排挤。罗伯特·汤森德（详见箴言 49）说，一个好的管理者做的决策有 33% 是正确的，33% 是错误的，其余的结果与你的决定无关；事情的结果会是一样的。所以我们都会犯错，如果幸运的话，还能从中吸取教训。如果员工犯错后主动承认错误，但你依然对其严厉批评，这件事很快就会传开，员工们都会更加谨小慎微。

问题反思

■ 我是否放心把决策权下放给员工?

■ 我是否会把工作交给员工而不是委托他们?

箴言 52 巴德·哈德菲尔德：直觉在决策中的价值

这条箴言旨在为大家凭直觉做决策来正名。

巴德·哈德菲尔德（Bud Hadfield，1923—2011）是美国
Kwik Kopy 的创始人。作为一名非常成功的商人和作家，他认识
到并非所有的数据都可以量化。他指出：

"决策时，要相信直觉，并采取行动。"

并不是只有巴德·哈德菲尔德认为管理者应该更多依靠直
觉。弗里德里希·冯·哈耶克因为在自由市场方面的研究获得诺
贝尔经济学奖。他指出，计划经济注定要失败的原因之一是，分
散的工作人员不可能把他们所知道的一切都报告给中央，这是因
为他们的大部分知识存在于他们的潜意识中，但却在他们自己都
没有意识到的情况下，引导着他们的思考和行动。

你可能遇到过很多情况，自己想到了正确的方法，事实也证
明你想的是对的。或者，你和员工都知道，一项新政策或新流程
注定要失败，但却无法就其失败的原因提出合理的理由。当然，
后来确实如此，管理者把失败原因归咎于员工支持不够。这两种
情况下，都是你的隐性知识在起作用。

那么如何才能增加你的隐性知识呢？

学以致用

■ 增加隐性知识的关键是将信息存储在你的头脑中。利用每
一次机会，不断地从员工、管理者、客户、供应商和更广泛的利
益相关者那里收集有关自己组织的信息。

■ 走到工作岗位上（详见箴言 54）和所有人交谈，从办公室清洁工（他们从办公室桌子上获取到的信息可能多得让人惊讶）到高级管理者、董事会成员，以及他们之间的所有人。

■ 会议前后，开玩笑和闲聊可以增加你的信息储备。

■ 在会议上观察，了解在场的人，包括他们的态度、信仰、动机以及他们与同事的关系。

■ 阅读报纸或网站上有关组织的报道。

■ 始终关注其他组织和行业的好想法，你可以将其运用于你的组织中。（详见箴言 82）

■ 写一本学习日记，记下任何与你的组织有关的有趣的评论、事件、趋势、问题、机会、威胁或八卦。

■ 即使是你在电视上看到或在书籍、报纸和专业期刊上读到的东西，也可以成为你隐性知识储备中的有用素材。

■ 你的潜意识积累了所有这些互不相干、互不关联的数据，让它们发酵，在你的大脑中形成联系和连接，丰富了你的隐性知识。然后，当面对问题时，这些知识会有意识地或在潜意识中告诉你如何思考，并为你提供答案。

问题反思

■ 在做决定时，我是否结合了数据和直觉？

■ 在做决定时，我是否在排斥直觉告诉我的东西？

箴言 53 玛丽·帕克·福利特：为什么在 A、B 两个选项之外总有更多选择（十大箴言之一）

> 这条箴言旨在提醒大家：总有其他选择，只不过还没有想到而已。

玛丽·帕克·福利特（Mary Parker Follet，1868—1933），美国社会工作者、管理顾问和组织理论先驱（当时管理学研究领域的女性很少）：

"我们绝不能让自己被非此即彼的思想占据。往往有比这两者更好的选择。"

玛丽·帕克·福利特的众多成就也体现出，她也是一位哲学家。也许正是因为这个原因，她拒绝相信，社会上任何决定都只有两种选择这一观点。

学以致用

■ 作为一名管理者，你经常需要在两个选项之间做出决定。员工这样做，要么是为了让领导更容易、更快速地做出决定，要么是因为他们有自己的偏好，并且他们更偏向于这个方向。

■ 如果决策代价小，易纠正，那就按照汤森的建议（详见箴言 49），在两种选择中做出决定。

■ 如果这个决定需要投入大量的时间和金钱，你应该考虑下那些被采纳或拒绝的备选方案。由于你比那些向你汇报的人更了解公司，所以你完全有可能会在他们拒绝的提议中看到裨益。此外，在讨论替代方案时，可能会确定其他可以采用的行动路线，可能是两个或多个想法的组合。

■ 如果你负责提出建议，务必提出一两个最好的备选方案，但要简明扼要地概述其他可以采纳的方案，或将其中的大纲作为附录。

■ 在做决定时，要避免非此即彼的思维模式。其中一种方法是和一小群人一起工作，把问题和你所掌握的信息告诉他们，让他们提出合适的方法，并加以实行。你要寻找的是新鲜的想法和观点，所以在他们做出阐述之前，不要和他们分享你的观点。

问题反思

■ 我思考一个问题的替代方法时，能考虑得有多全面？

■ 我是否通常只看到一两个可能的答案后，就开始评估它们，并排除其他可能性？

箴言 54　罗莎贝斯·莫斯·坎特：为什么优良信息都在办公室之外

> 这条箴言旨在鼓励大家走出办公室去和员工交谈。

罗莎贝斯·莫斯·坎特（Rosabeth Moss Kanter，1943—　），美国哈佛商学院商科教授、变革管理专家、管理学方面的成功作家。她支持走动管理方式，通过这种方式管理者可以随时了解一线发生的事情：

"那些办公室里思考未来的决策者，往往无法接触到最好的创意，这些创意可能在公司外部，也可能在基层。"

学以致用

■ 每周安排一定的时间进行走动管理。至于安排多长时间，取决于你的资历。初级和中级管理者都奋斗在最前线，通常对正在发生的事情有很好的了解。高级管理者、高管和董事会成员通常都退居幕后，以至于对一线工作无从知晓。所以后者需要多多进行走动管理。

■ 不要告之出访的日期、时间和地点，否则大家会为你的到访做准备，这不会体现真实状况。最好与基层员工进行非正式的交谈，而不是举行事先安排好的会议。

■ 每次走动管理都要确定一个目标，比如了解员工对最近的公司重组有什么看法，不过，如果有人向你提出问题，你要做好调整话题的准备。你的目标是听取员工的意见和关注点，而不是收集你认为他们应该关注的信息。

■ 你的总体目标始终是相同的：了解员工对组织的感受和想法，以及这种感受和想法是如何影响他们与其他员工、其他部门、供应商、客户和其他利益相关者的关系。

■ 听听别人怎么说。不要告诉他们你的想法。观察不同的部门、团队是如何表现和互动的。不要去发表意见，而是用耳朵认真聆听。

■ 少开会，但开会时，要利用会议来处理你正在考虑的问题，并借此机会收集其他信息。例如，哪些人或哪些部门结成了小团体，为什么？哪位管理者和同事吵架了，为什么？谁在会上被倾听，谁被忽视？公司的权力由哪些人掌管？

■ 与员工和其他管理者进行非正式的交谈时，要听他们说什么。不要只是坐在那里一边听，一边想着听到他们的话后自己要如何做出精彩的回应。一旦你插话了，就很难学到任何新东西。

■ 你四处走动时，在脑海中记下任何你认为有趣的、不寻常的、好的、坏的、值得进一步研究的东西，或你遇到的奇怪做法（不管是好是坏）。

■ 把你听到的、看到的真正重要的东西记下来，并把它写进你的目标清单。（详见箴言68）

■ 观看克林特·伊斯特伍德的电影《曲线难题》，你就会明白倾听一线员工意见的价值。

问题反思

■ 我上次走动管理是什么时候？

■ 我如何知道初级经理人、各部门主管和员工在想什么，做什么？

箴言 55 沃伦·本尼斯：信息和内涵之间的显著差异

这条箴言旨在提醒大家：应当反思自己是否正确理解了所接收到的信息。

沃伦·本尼斯，学者，管理学顾问和作家。他认识到，当今世界领导者在做重大决策时，可以得到大量的信息。的确，可用信息的绝对数量会影响决策，而非助力。他指出：

"信息和内涵之间存在显著差异。"

最近对癌症患者的诊断就是说明信息和内涵之间存在显著差异的优质案例。最新研究表明，超过30%在等待确诊的患者以为阴性结果就说明他们没有得癌症。患者虽掌握了信息，却误解了信息背后的真正内涵。

学以致用

■ 首先，你要知道你打算考虑哪些信息。为了知道答案，可以使用维尔弗雷多·帕雷托的著名理论（帕雷托原则）：任何情况下，20%的人拥有着80%的财富。同理，我们所拥有的20%的数据中有做决策所需的80%的信息。

■ 利用你在组织里的经验、利用市场以及过去所做的决策，来确定哪些信息是重要的。

■ 帕雷托原则不能为你解决问题，但可以节省时间，并找到可以采取的最有效的行动。如果你有问题，从最重要的那几个方面开始解决。

■ 关注这 20% 的重要信息，你需要完全理解它。找到来源，并且了解这些信息的真正含义。例如，许多和我共事过的管理者，他们做出的决策时基于他们完全不了解的财务信息。但他们不打算询问清楚，因为他们认为这样会损害自己的形象。

■ 判断信息是悲观的（会计倾向于悲观），还是过于乐观的（销售经理倾向于过于乐观）。

■ 要乐于从那些知道真实情况的人（如一线员工）那里收集重要信息（详见箴言 54）。

问题反思

■ 我靠谁提供决策信息？这些信息质量如何？

■ 在做决定时，我还应该定期查看哪些其他信息来源？

箴言 56 彼得·德鲁克：说"不"的力量

> 这条箴言旨在提醒大家：最优秀的决策者知道什么时候说"不"。

彼得·德鲁克，管理学研究的教父。他坚信，每一位决策者最重要的能力是：

"学会说'不'。"

世界上最成功的投资者沃伦·巴菲特，曾在 1998 年 9 月拒绝投资科技股，2006 年 7 月又拒绝投资次抵押贷款。在这两种情况下，他都以"我不理解他们"为由拒绝。因此，他被誉为"股神"并非没有原因。

学以致用

■ 身为管理者和决策者，你要做的不是取悦他人，而是做对组织有利的事情。这意味着你可能会让员工、同事甚至老板或董事会不快。要做到这一点，你必须有主见。你必须能清楚地说出你拒绝的理由然后坚持己见。如果你被你的老板或董事会否决了，那么这是他们的责任，不是你的，他们必须为此承担责任。

■ 你如果觉得自己不够果断，那就接受一些培训。一两天的培训便可教给你基本技巧，然后你可以自己付诸实践。练习次数越多，你说"不"的能力就越强，这也会变得越容易。

■ 对许多缺乏经验的管理者来说，说"不"是一个特别难的问题，他们可能缺乏自信，而且觉得有必要取悦别人（详见箴言 14）。但是，在你开始说"不"的时候，别人就会真正认可你是一名管理者了。

■ 你和你的同事就某个决定发生争执，而你的所有观点都基于你的专业背景时，你的对手会说你不顾全大局。你必须超越职业社交对你的约束，从大局出发，这就意味着你需要理解决策中涉及的所有问题。但是，仅仅这样还不够，你必须愿意并有能力解释你的观点，并与级别比你高的人正面交锋。一般情况下，拒绝的背后都有着具体的理出支撑。

问题反思

■ 上周我拒绝过几次别人的请求？

■ 我是否曾经拒绝过我的上级或其他级别比我高的管理者？

总结

我并不支持英国首相玛格丽特·撒切尔，原因之一是她不断地重复那句话："没有什么可改变的。"这肯定会让我感到紧张，因为我坚信，在政治和管理的世界里，总会有另一种选择，我不信任任何声称没有选择的人。这就是为什么我一定要选择玛丽·帕克·福莱特的这句话作为十大箴言中的一条。

"我们决不能让自己被非此即彼的思想占据。往往有比这两者更好的选择。"

——玛丽·帕克·福莱特

以往鉴来

身为一名管理者，每当你面临一个二元决策时，请记住你有权拒绝这两种选择，并寻求另一种选择。当你查看可用选项时，记住信息和内涵之间的区别。永远不要根据信息做决定。相反，所有的决定都要基于信息在现实世界中的实际意义（详见箴言55）。这就是我希望让你们从这部分学到的两点。

第七章

变革管理

简介

变革是一件很有风险的事情，它意味着你将迈出未知的一步，必然存在风险。尼科洛·马基雅维利显然很了解管理者决定进行重大变革（调整）时存在的风险。他指出：

"比承担更困难，比执行更冒险，或完全不确定能否成功的事情就是率先采用一套新秩序。"

你当然可以总是选择拒绝改变，但是进化论告诉我们，这么做的结果是自取灭亡。

本章包括一系列相关内容：

■ 箴言 57 试图说明最佳变革往往是那些自下而上做出的改变。

■ 箴言 58、59 提醒读者超负荷变革的危险性，以及为了员工着想保持延续性的必要性。

■ 箴言 60、61 提及在任何改变过程中存在的危险之处。

■ 箴言 62、63 提供了从不同角度出发的两条建议。箴言 62 指出，与其被动改变，不如主动出击，但箴言 63 指出你应当尽可能避开不适合改变的领域，即组织文化。

当你阅读本章时你很快就会发现，所有在本章出现的管理者们都有一个共同的目标：将变革带来的风险最小化。许多管理者在做项目规划时，对这方面内容总是关注不足。

请注意，尽管我知道并不是每次变革都能称得上是一项工程，但许多重大变革的确被当作一项大工程来执行。

箴言 57 加里·哈默尔：变革应自下而上进行

> 这条箴言旨在阐明：一线员工是思路与信息的重要来源。

加里·P. 哈默尔（Gary P. Hamel, 1954— ）著名美国学者、管理咨询师，是 Strategos 公司的创始人。公司总部在芝加哥，主要业务为国际管理咨询。加里就许多管理学问题发表了观点，包括改变管理模式这个问题。如汤姆·彼得斯一样，加里因一线员工的知识与技能未被管理者充分利用而感到惋惜。他指出：

"最自大且不切实际的做法是进行自上而下的变革——因为这样的成功案例实在少见。"

变革失败的主要原因是：在许多机构中，管理层决定要做些改变时，会找来一个小团队做计划并实施变革，当他们准备好宣布这项调整时，他们指望员工不假思索地开始执行，他们似乎相信自己的每一次心血来潮的决定、每一个主意和每一个细节都能顺利实施，但这显然不切实际。

学以致用

■ 要知道员工都是聪明的成年人，拥有大量与他们工作相关的专业知识。他们了解公司运作中的许多细节，这些是管理者很少了解的内容，当然他们也比任何商业或 IT 顾问通过调研能发现的内容多得多（详见箴言 84）。当你准备对公司做出一些改变时，完全不考虑这些专业知识的话，肯定会出问题。

■ 鼓励员工就提升组织的业绩献计献策。不要将员工限制在仅能就自己的团队和部门提建议的范围内。如果有员工提出了需要做些额外的工作才能完成的建议，邀请他和你一起完善这个想法。向管理层汇报时，要知道他们也做出了贡献。他们的努力一定要通过奖励的方式来体现。

■ 将走动管理视为征集员工建议的机会（详见箴言 54）。

■ 倘若变革的想法来自于高层，坚持将最有可能受此变化影响的员工代表纳入计划与实施团队中。借他们的专业知识来判断哪些内容可行，哪些会成为瓶颈，以及员工和初级管理者对此项变革可能产生的反应。

■ 选出一些一线员工，将他们作为变革模范或变革拥护者来进行培训。他们将致力于寻求可能会提升过程、流程及服务的办法。变革拥护者将在改变宣布之前及整个实施过程中像拉拉队长一样给大家加油打气。通常情况下，变革模范和拥护者由同一个人担任。他们将与其他员工在工作中朝夕相处，因此会得到大家的信任，这是管理者无法实现的。这种制度还有助于将谣言扼杀在摇篮中，构建了一种员工与管理者之间的双向沟通渠道，使得问题能够在出现早期被发现，并就潜在问题对管理层发出预警。

问题反思

■ 我对一线员工的想法给予了多少信任？我是否忽略了他们的想法或表现出这些想法用处不大？还是跟这些员工一起去验证他们的想法实现的可能性？

■ 在我宣布一个决定后，我有多期望员工能不假思索地开始执行？

箴言 58 迈克尔·哈默与詹姆斯·钱皮：过多变革会对组织带来重创

> 将这条箴言当作核实现状的工具，看看你和员工能承受多少变革。

迈克尔·哈默（Michael Hammer）与詹姆斯·钱皮（James Champy）于 2004 年合做出版图书《再造公司》。他们指出：

"一个组织若同时进行过多的变革，不但无法获得能量，反而会迷失方向。"

变革管理（Change Management）真正开始于 20 世纪 90 年代，延续至今。遗憾的是，许多改变被实施的原因不是基于需求，而是因为管理者想要为自己的履历增光添彩（详见箴言 11）。

学以致用

■ 确实需要改变时，千万别在执行中胆怯。你的忠诚是对组织而言的，让组织利益最大化是你的职责。如果这意味着你需要做出不受欢迎的变革，做就是了。

■ 就像医生望闻问切一样，分析组织的问题所在，然后对症下药。如果病人看病时前臂有伤口，医生知道后不闻不问，病人可能会没命。但医生也不会简单粗暴地通过截肢来解决问题，他们会处理伤口，防止感染扩散。然而，有太多管理者把"截肢"当作第一选择，他们不管现有的经验、系统或流程是好还是坏，都笼统地用一种并未实践过的方式来替换掉。这么做非常冒险，会令变革难以执行，同时激怒被变革影响的员工，因为他们是执行者，不得不承受这些不必要的变化。

■　你需要明白一点，基于过往的经验，大家对不同变革的承受度不同。对有些人而言，哪怕极其微小的变化都会给他们带来创伤，令他们无法有效思考或行动。其他一些人则会将变革视为巨大的冒险，就像肾上腺素痴迷者一样，总是欲罢不能。许多管理者属于后者。

■　你必须说服那些害怕改变的人。你唯一能做的便是通过不断沟通打消他们的疑虑。在每一次变革中，你都应站在让员工看得见摸得着的地方。一定要对管理者、监督者及变革拥护者（详见箴言 57）再三强调，必须要握紧那些恐惧改变的人的手。

■　如果要进行重大调整，分不同阶段进行。将每个阶段当成一个微型项目。在开始进行下一阶段时，首先要确保现阶段的调整已胜利实施。这种方法能够帮助大家建立自信，宽慰那些害怕变化的员工，将变革带给员工的问题最小化。

■　你也许会考虑使用帕累托原则（详见箴言 15、55）。每种改变的绝大多数益处都能通过在 20% 的时间中完成 80% 的计划来实现。这是为改变提供支持的最理想的方式。员工们能在极短的时间里看到显著的进步。接着在压力得以缓解后，你可用剩下 80% 的时间来完成变革中比较棘手的 20%。

问题反思

■　我如何看待变革，是享受还是担忧？

■　我知不知道员工如何看待变革？

箴言 59　彼得·德鲁克：应在变革阶段保持前后一致

> 这条箴言旨在为大家奠定基础，帮助大家在变革阶段打消员工的疑虑。

彼得·德鲁克是最具影响力的管理学作家。他对管理学各个方面都研究很深，包括变革管理。通过他一贯的认知，他发现在许多组织中，组织的变革议程与员工对连贯一致性的需求，即：

"作为变革领导者的组织是因为改变而设计的。但是员工需要连贯性……如果工作环境中发生了一些不可预测、无法理解或前路未卜的变化，他们便无法好好工作。"

学以致用

■ 在任何变化的情况下，我们都需要打消员工的疑虑，告诉他们变革之后他们不会失业，未来可期。作为管理者，你要负责给员工吃定心丸。

■ 争取让员工尽可能多地了解改变会带给他们及他们的工作带来的影响，并让他们知晓通过参加哪些培训能帮助他们尽快适应新环境。

■ 为所有员工提供适应新的工作环境所需要的培训。知道如何应对新环境能够大大减少员工的焦虑。这意味着在过渡期，他们将更愿意听从你和其他人的安排，也减少了他们被不良言论蛊惑的可能性，比如"这下我们要完了"这样的话。

■ 让员工尽早参与变革的设计。这将给他们一些安慰，让他们知道自己对整件事至少有一些掌控权，他们的声音也能够被听到。这么做能在你和你的员工之间建立信任，因此当你跟他们说话时，他们更有可能百分百信任你。

■ 你和员工之间的有规律的持续沟通至关重要。鼓励员工分享他们的恐惧与担忧。通过各种你能想到的办法传达你的信息和安慰，包括正式及非正式会面、电子邮件、实时通讯、闲聊及走动管理（详见箴言 54），通过多多走动去了解员工对于变革的真实想法与感受。尽可能详尽地回答员工的问题，如果当下回答不了，告诉员工你将在 24 小时内答复他们。

■ 千万别拿管理学行话或专业术语糊弄他们。用平实、清晰、简练的语言与他们交谈，永远要兑现你给出的承诺。

■ 从一线员工中任命变革拥护者（详见箴言 57）。他们的关键任务之一便是告诉其他员工无论发生何种改变，每个人都会在改变后拥有属于自己的角色，尽管同事与管理者之间的关系也许会改变，但这层关系不会因为改变而消失。

问题反思

■ 我擅长让员工参与规划与决策吗？

■ 员工认为我是个怎样的人，是平易近人还是拒人千里？

箴言 60 丹尼尔·韦伯斯特：将公司置于死地的 不是变革，而是贯穿变革始末的过渡期

> 这条箴言旨在提醒大家：应当为变革过程中不可避免的热情减退与信念动摇做好准备。

丹尼尔·韦伯斯特（Daniel Webster, 1782—1852）是 19 世纪 30~40 年代美国著名的参议员与政治家。那时是美国历史上充满不确定性定性与动荡的年代，在那种大环境下，他指出：

"将你置于死地的不是变革，而是贯穿变革始末的过渡期。"

韦伯斯特想说的是，做出决策后产生的变化将带来风险。任何变革的实施过程只有当所有人都不再回望他们所熟悉的一切，并开始接受即将在一个新环境中以新的方式工作时才算真正完整。

学以致用

■ 接受现实，每一次变革从开始执行到新规则完全被接受，这中间的过渡期必然问题重重，请提前做好准备。

■ 当你在过渡期遇到问题时，你很容易就会变得沮丧。毕竟，你竭尽全力在推进变革，但是到现在其他人还在抗拒，真是吃力不讨好。别被这种情形到打击到，这只是必经的过程，不是只有你一个人才会遇到这样的问题，你应当要早有准备。

■ 确保在实施变革前就对员工进行过所需的培训。

■ 借助变革模范来发现问题，让他们解决自己能力范围内的

问题，并将遗留问题立刻汇报给你。

■ 在员工工作期间走动，让受变革影响的员工看到你。让他们有机会向你提问，发泄怨气。记下所有你无法立即解决的事情，承诺你一定会调查清楚并向相关员工有所交代。接下来你只需要履行自己的诺言。

■ 分析从变革模范、管理者、监督者那里得到的反馈和你自己通过走动管理获得的反馈，从而发现问题及趋势。

■ 你分析的最多的很可能是以下三类问题：

——管理者与员工间沟通的匮乏。找出阻碍或瓶颈所在之处，并迅速解决。你和你的管理者、监督者、变革模范或拥护者必须在过渡期将与员工沟通这件事放在首位。

——不成体系的培训。员工在接受培训后忘记了所学内容，或者在实践中出现了一些超出预料的突发状况等都是你所要面对的问题。为了解决这些新出现的问题，继续为员工安排后续的培训吧。

——变革过程中的突发事件，从细枝末节的问题到灭顶之灾。最为灾难性的变革之一便是最近可口可乐公司决定要改变可乐的口味，要知道这可是美国最受欢迎的饮料，好在可口可乐公司迅速认识到了自己的错误，并通过恢复原有配方的方式拯救了这个错误的决策。你所要做的就是，迅速采取行动来纠正错误，并解决与之相关的问题。因此在变化尚未真正发生前不要解散项目团队。

问题反思

■ 我是否对过渡期每个环节中必然会出现的困难早有准备？

■ 在充满危险的过渡期中，我该如何关注员工的士气？

箴言 61 尼科洛·马基雅维利：变革中的敌人（十大箴言之一）

> 这条箴言旨在帮助大家找出那些会在变革过程中带来干扰的人。

尼科洛·马基雅维利（Niccolò Machiavelli，1469—1527），外交官、政治家、政治哲学家、作家，对所有渴望权势的人产生着持续的影响。他将所有想要进行变革的人会面对的问题总结如下：

"变革者的敌人包括所有从旧秩序中获益之人，以及将从新秩序中获益的不冷不热的捍卫者。"

为了保护自己免受攻击，你要做的第一步应当是找出这些敌人并弄清他们的潜在发力点。

学以致用

■ 使用格里·约翰逊、凯文·斯科尔斯和理查德·威廷汉姆的模型来定位变革中的敌人及可能的同盟，应当会对你有所帮助。

■ 尽可能多的找到利益相关者，并通过以上模型将他们分类。你最感兴趣的人应该是在变革中权力大、获益多的人。

■ 一旦找出这些关键玩家后，让他们知道你的存在，并赢得他们的信任。与他们进行交流，打探他们对你以及你计划提出的变革作何感想。

■ 可能的话，让他们对支持你和变革计划做出承诺。如果他

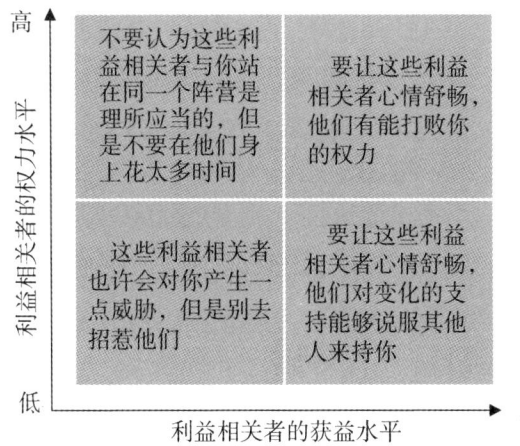

们不愿意通过这样或那样的方式做出承诺，找出能够敦促他们要么支持你要么反对你的点。通过这些信息来设计一个能够赢得他们的支持或者将他们的反对最小化的策略。

■ 关注那些获益少、权力小的利益相关者，了解他们的行为和语言。但是不要在他们身上耗费太多时间和精力。

■ 努力争取权力小、获益多的人群。他们很有可能是最了解变革的群体。如果你想要说服更多手握大权的利益相关者来支持你的话，这种群体（详见箴言 71）极为珍贵。

■ 要让那些权力大、获益少的人心情顺畅，且置身局外。别做任何会让他们不悦并让他们与你对立的事情。弄清楚他们的底线，不要轻易挑战。

■ 很明显，你大多数的精力都应该花在那些权力大、获益多的利益相关者身上。如果你想顺利实施计划，就需要让这个群体全程参与。

■ 如果你无法说服权力大、获益多的人来支持你，请你的阵营中能够对这些人产生影响力的人来帮忙（详见箴言 72），请他们来去做说客。原本不应该这样，但有时候人们讨厌的不是信息本身，而是传信的人。

问题反思

- 做决策时，我对利益相关者的获益程度考虑了多少？
- 我过去与哪位利益相关者产生过不愉快？我该如何亡羊补牢？

箴言 62　赛斯·高汀：与其被动调整，不如主动改变

这条箴言旨在提醒大家：需要变革时，不要拖拖拉拉。

赛斯·高汀（Seth Godin，1960—　）著名美国企业家、作家和公共演说家，他发现在任何决策中，开始实施改变的时机至关重要。对于进行改变这件事，没有什么好时机可言，因为它将不可避免地会带来干扰、额外的工作量、员工的担忧及可能的暂时性生产力下降。拖延反而可能带来灭顶之灾，因为：

"早早开始的改变往往不会失败，但为时已晚的变革往往不会成功。"

常听人说，人们只有在当下的痛苦大于变革的痛苦时，才会想要变革。当然，事实也证明有许多人反对变化，安于现状，裹足不前。遗憾的是，如果一家企业也是这么认为的，那么它很快会被竞争者淘汰出局。

正如曾担任美军参谋长的美国将领埃里克·新关指出的那样："如果你讨厌变革，你会更讨厌被淘汰出局的感觉。"

学以致用

■ 每个决策都伴随着变革。借鉴罗伯特·汤森德的建议（详见箴言 49），迅速选择低成本、易于改变的决策。对于代价过大的决策，只有找到并收集你所需要的核心数据才能让你做出有效决策（详见箴言 54）。

■ 避免因为缺乏分析而失败，做出决策前应当多收集些信

息。而且要知道你收集的信息不可能尽善尽美，在某个特定的点，收益递减规律即将出现。

■ 借鉴帕累托原则（详见箴言55），利用20%的精力和时间来收集80%的信息。依据这些信息做出决策就好，因为剩下20%的信息很有可能仅有边际效用。

■ 一旦为实施变革做出了决策，迅速推进到下一个阶段。把小型工作团队整合在一起后为变化做准备，其中包括一线员工中的一些变革模范拥护者（详见箴言57）。

■ 找出变革过程中的目的、目标及里程碑，通过这些指标来监控变革过程。每周与参与变革的团队开会，每月与变革支持者开会。每次会议只有两个主题：①讨论到目前为止有哪些与目标不符的进度；②讨论到目前为止与预算不符的开支。避免召开其他多余的会议，开会太多会影响员工做重要的工作。

■ 随着变革的不断推进，需要培训员工来适应新制定的政策、程序及业务。这将减少员工对于变革产生的担忧，使变革的最后阶段得以顺利完成。

■ 实施计划并保证团队中的每位成员都能够打消员工的疑虑。

■ 评估由变革带来的影响，确定它与变革必须实施的原因是契合的。如果还有一些问题尚未解决，把它们列为紧急事件来处理。

问题反思

■ 我设置了哪种能够告诉我需要做出变革的早期预警系统？
■ 我自己是否抗拒变革？

箴言 63　彼得·德鲁克：为什么要避免改变组织文化

> 这条箴言旨在提醒大家：改变组织文化有多么困难、多么危险。

彼得·德鲁克是一位非常成功的管理学思想家、作家。他获得巨大成功的原因是他务实的方法与每类组织中忙碌管理者的需求相一致。关于组织文化这个问题，他指出：

"企业文化就像国家文化。千万不要尝试改变其中任何一条。相反，试着在已有的企业文化下工作。"

许多作家对以下观点争论不休，领导者的角色就是去改变组织文化，而管理者的角色是去传播并捍卫组织文化。德鲁克提醒我们，如果你对企业文化乱来，后果堪忧。

学以致用

■ 我们经常读到这样的商业新闻：某家公司新上任的首席执行官或董事会主席具有改变企业文化的权限。2008 年金融危机过后，很多银行都出现了这种状况。遗憾的是，德鲁克认为改变组织文化是一项近乎不可能完成的任务，因为这需要企业中所有相关人士花费巨大的时间、金钱及精力。总的来说，能避免还是要尽量避免。

■ 尽管德鲁克再三提醒，许多新任首席执行官或董事会主席还是会给现任高管团队大换血，由他们的自己人来管理公司。有人声称这会导致企业文化的改变，实际上这种情况很少发生。企业文化是多层面的，没那么容易被摧毁或改变，因为它包含组织内所有员工共有的基本假设、信念、期望、规范及价值观。这些假设受企业中的普遍认知、历史、惯例、程序、架构、目标与传统影响。

■ 只有在组织继续新文化时，你才应当尝试改变它。更换一些高管在短期内肯定不怎么会削弱以上因素。如果你想要做出彻头彻尾的改变，首先要接受的是这必然是一个耗时很长的过程，绝非一时一刻就能完成，而是一件很有可能持续多年的事情。三思而后行，因为它会占用你大量的时间。

■ 如果进行上述变革的工程太过庞大，不如考虑下逐步进行改变。比如，以在管理岗位多任用些女性、少数族裔以及残疾人作为一个开始，这将为你提供新思路和新方法。

问题反思

■ 我是否觉得组织文化中有一些需要改变的地方？如果有，我该怎么做？

■ 在当前组织文化中工作，我是否觉得轻松？如果不，我是不是该换工作？

总结

马基雅维利是我的软肋。他将《君主论》写成了一份求职申请书。每一位民主选举产生的政客都装作自己没有读过这部巨著，但其实他们都读过。马基雅维利大受欢迎的原因是，他总是能够精准地解释人类的思维方式与行为。因此，我将他的箴言选入十大箴言。马基雅维利同时还是一位卓越的作家，善于用精辟的话语总结态度和问题，他描述变革时所说的这句话就是一个很好的例子。

"变革者的敌人包括所有从旧秩序中获益之人，以及将从新秩序中获益的不冷不热的捍卫者。"

——尼科洛·马基雅维利

以往鉴来

所有改变都伴随着风险。当你总是期待成功并为之努力时，你必须同时为阻挠和障碍做好准备。如果能这样，你的成功概率必将大大提高。

第八章

规划

简介

　　规划需要你预测未来，但是没人能预测未来，除非他们的车库里有丹·布朗*造的德罗宁时光机。所以马尔科姆·福布斯这么说："任何说企业经营的是现实而非幻想的人，从没读过五年规划书。"

　　本章共有 6 条箴言，涉及规划过程中具有不确定性的不同方面，同时又为如何提升未来规划的有效性献计献策。

　　■ 箴言 64 指出规划的好处在于规划过程中获得的知识，而非规划本身。规划中所做的预测与假设经常被证明是不准确的。

　　■ 箴言 65~67 提供了要么提升规划准确性、要么补偿其不准确性的办法。

　　■ 箴言 68 强调组织需要明确知道自己的战略目标是什么，还应拒绝任何阻碍他们实现目标或迷惑员工优先工作任务的建议。

　　■ 箴言 69 强调定期评估企业战略的价值所在。

　　阅读本章时，试着找出你与你的组织在做规划时所使用的方法有哪些优势与劣势。

---

　　*　美国作家，《达·芬奇密码》的作者。

箴言64 德怀特·D. 艾森豪威尔：为什么计划百无一用，但规划举足轻重

> 这条箴言旨在提醒大家关注规划的好处。

德怀特·D. 艾森豪威尔将军（Dwight D.Eisenhower，1890—1969）是第二次世界大战期间欧洲盟军最高将领，之后担任第34任美国总统，连任两届。作为监测欧洲入侵情况的负责人，直接参与策划诺曼底登陆。尽管如此，他有句名言这么说：

"在策划战役时，我总是发现计划百无一用，但是规划不可或缺。"

人们常说，真理是战争的首要牺牲品。如果真是这样，艾森豪威尔将军提醒我们，规划是战争的第二大牺牲品。战争中没有什么能够完全按计划行事，从本质上来说，战争就是杂乱无章的。但是，通过尽可能规划各种可能性，艾森豪威尔能够对变化的形势迅速做出反应，因为他已经获得了做决策所需的信息。

学以致用

■ 认识并接受一个事实：我们不可能做出完美的计划。你工作的环境越混乱多变，你对未来情况的预测就越不准确。即使在相对平和的环境下，一个意外事件也有可能令你的计划彻底作废。

■ 知道不可能实现百分百的准确性后，别再执着于把每件事都精确到小数点后三位。仅仅花时间为未来的6—12个月做计划，然后制定出在按计划行事时随时更新的滚动计划。这将帮助

你节约时间，提升预测的准确性。即便如此，我们还是不能保证计划能百分之百实现。

■ 未来解决由"意外事件"导致的不准确性，采用情景规划法（详见箴言 67）。集结一个小团队一起工作，找出规划期中会对组织产生影响的因素。

■ 基于发生的可能性及发生后会对组织带来的影响，对每个场景进行分析评估。于是便有了下面这张风险分类表：

——高风险、低成本事件；

——高风险、高成本事件；

——低风险、低成本事件；

——低风险，高成本事件。

■ 为高风险、高成本事件与低风险、高成本事件做好应变计划。在应对高风险、高成本的偶发事件时，制定详略得当的计划，等事件发生的概率达到 50% 后再做详尽的计划。为低风险、高成本的偶发事件做简单计划。

■ 你对未来偶发事件所进行的充分考虑以及事件发生后你的应对措施都将使你对突发事件做出更有效的回应，并使你在有必要时及时调整计划。虽然这计划还不完美，但再怎么说也比那些抱着碰运气的心态面对未来的人要好些。

问题反思

■ 在做组织规划的过程中，我期望扮演什么角色？

■ 我是否会为自己和员工做年度计划？

箴言 65 安德鲁·S.格罗夫：为什么你需要灵活的工作团队

> 这条箴言旨在提醒大家要雇佣并培训一支能够随机应变的工作团队。

安德鲁·S.格罗夫（Andrew S.Grove，1936—2016）是一名企业家、作家，同时也是英特尔公司的总裁。他认识到许多东西在中短期内保持不变之后指出：

"你需要按照消防部门做计划的方式来进行规划：消防部门不可能预测出下一个失火的地方，因此组建了一支精力充沛、办事高效的团队，这支队伍既能应对突发的火灾，也能处理日常事务。"

学以致用

■ 我对好预算的定义是"带价签的公司计划"，公司来年要做每一件事情都能用数据表示并呈现在预算中。除非你现在离开公司后，公司大约80%的收入和支出在短期内或最多一年内能保持相对稳定。比如，公司最大的一项支出一般是员工的工资和奖金，这项数据能够精确计算出来。

■ 突发事件则包括突然接到一笔千载难逢的大订单、损失了一笔重要订单、原料成本大幅上涨等。这些都是难以预测的事情，但也不是非比寻常的，都能够通过情景分析在你的规划中有所考虑（详见箴言64）。

■ 黑天鹅事件主要指难以预测的不寻常事件，因为这些事情有可能以前从没发生过，比如"9·11事件"。这类事情百年不遇，遇到时你需要：

——雇佣能够随机应变的员工，培训现有员工对变化迅速做出反应的能力。

——避免被突发事件吓到一动不动。立即开始提问，弄清该事件会对你和你的组织带来怎样的影响。不要等待媒体分析，赶紧动起来。

——在黑天鹅事件难以预测的情况下，拥有一个具备能够防控重大灾难的专业团队就显得尤为可贵了。这个团队可以是组织里正式的应急计划团队，也可以是为了预估重大突发事件对公司的影响而时不时碰面的特别小组。他们一直在努力找出可能出现的灾难，说明相比于普通员工，他们更能做到处变不惊。

■ 做计划时，要留有弹性空间（详见箴言64）。计划的目的是帮你达成目标，这并不代表它只是约束你。当有些事把你推出正轨时，重新考虑下该怎么实现目。必须要走弯路或者回头路的时候欣然接受，但是要一直牢记自己的最终目的地，争取一直朝这个方向前进。

问题反思

■ 我认为自己对于处理未来的突发事件有多灵活？

■ 我是否能够随机应变？我对快速变化的环境适应得怎么样？

箴言 66　埃德蒙·伯克：为什么不能将未来规划建立在过去经验之上

> 这条箴言旨在提醒大家：变化不具备一致性。

埃德蒙·伯克（Edmund Burke，1729—1797），政治家、作家、演说家、政治理论家和哲学家。他去伦敦后，担任了许多年国会议员。他生活在一个动荡的时代，见证了美国和法国革命动摇了数百年不变的状态，农业革命产生的持续影响改变了英国的社会结构。随着工业革命的临近，他的下面这句话并不令人感到吃惊，他指出：

"永远不能在规划未来时参照过去。"

也许这是个显而易见的道理。但如果你是 20 世纪 50 年代末期或 60 年代初期的一名管理者，你很可能极度渴望一份企业策划人的工作。这个职位主要由那些组织期待能填补高管空缺的管理者骨干人才承担。那么，这些企业策划人都做些什么工作呢？他们的工作主要是通过预测来为公司的下一个 25 年做规划，而预测全部都基于一个信念，即那些具有 20 世纪 50 年代末、60 年代初特点的稳定性及渐进式变化将一直持续到未来。

所有这一切都在 1973 年爆发的石油危机中化为泡影，企业策划人这个风靡一时的职位在一夜之间便消失得无影无踪了。

学以致用

■ 接受现实，你不可能预测未来，也不可能靠过去的事情推测出未来的事情。

■ 要认识到现在做规划要求你能够在事情发生时找出新思路和发展趋势，迅速集结你所需的资源利用出现的资源或将你面临的威胁最小化。

■ 与顾客、供应商及竞争对手保持沟通，以了解市场中的潜在因素。此外，与公司中的中层管理者和一线员工一起工作，以了解客户的真正需求和当今市场的发展趋势，同时预测可能产生的变化。利用这些信息来制定短期计划，然后要么预测未来市场动向，要么在它们出现时迅速应对。

■ 随着意料之外的突发事件的发生在现在已成为管理范畴，你不得不让员工为持续变化的客户需求与市场环境作好准备。为了达到这个要求，员工在应对变化的客户需求及市场环境时需要更加灵活创新。你需要培训员工，让他们掌握这些全新的软技能。

■ 不要只制定一个单一计划，而是要根据最可能出现的结果、最好的结果以及最差的结果来做三份相互独立的计划。

■ 找出那些将会对组织产生极大影响的或好或坏的事件，然后为你未来如何面对这些机遇或挑战制定计划。

问题反思

■ 对于已知的威胁和机会，我是否都准备了应变计划？

■ 我是否在应对突发重大改变这个方面对员工进行过培训？

箴言 67 詹姆斯·约克：备用计划的必要性

> 这条箴言旨在提醒大家：我们总是需要准备一个备选计划，或者两个！

詹姆斯·约克（James York，1941— ）在 2013 年退休前一直担任马里兰大学的数学系教授，1980 年，他因研究混沌理论获得古根海姆自然科学奖。混沌理论揭示了一些显而易见的小事如何变成重大危机的过程。约克如是说：

"最成功的人是那些拥有备选计划的人。"

通过辨别关键变量对组织可能产生的中长期影响，并制定出这些问题出现时的应对策略，情境分析法能够大大促进规划过程。

学以致用

■ 聘请一位经验丰富的外部导师来帮助你组织情境研讨会。很重要的一点是，他愿意挑战那些你和你的员工拥有的先入为主的想法。

■ 与导师一起选出 6 位员工（小规模的组织选出 3 位即可），这些员工具有想象力，知道公司所处的环境时刻在变化。这组员工中至少要有一位技术专家。

■ 向该团队介绍本次活动的目的。明确指出你尤其想发掘的变量，比如通胀率、脱欧或入欧的选择。

■ 看问题不要看得太远。正如之前所提到的那样，对任何事情为来三年的预测准确度和占星图差不多。

■ 独立工作，让每位团队成员根据所提供的的变量制定出一张突发事件列表，同时允许在这张清单上增加新变量。给他们一周时间来斟酌清单内容，并简要写下他们的想法。

■ 提前把每个人的报告分发给每位团队成员。在会上，允许大家就每份提交上来的报告进行 30—60 分钟的讨论。如果你想让大家各抒己见，包括那些看似愚蠢的想法，就要避免自己在开始讨论前批判这些观点。将风险和成本分析这些想法的指标列出。

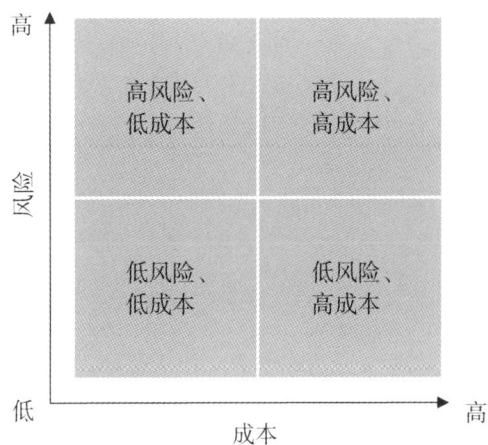

■ 很明显，为低风险、低成本情境或高风险、低成本情境费脑筋想策略是不值得的。将你所有的精力都放在低风险、高成本情境和高风险、高成本情境上。如果这两类中有 30% 及以上的发生概率，你就必须要想方设法制定应对策略了。

■ 单一策略就能应对多个问题的情况是很有可能发生的。因为这些策略极有可能被付诸实践，所以在制定策略时你应当制定到最详细的程度。

■ 基于每个情境衍生出三个情境案例：最佳情境、最差情境及介于两者间的中间情境。

■ 向高层或董事会汇报你的分析结果并获得他们的许可。如果你将来要实施其中一个策略，提前获得许可能够帮助你节约时间。

问题反思

■ 无拘无缚的话，我最想让组织中的哪一位员工加入情境小组？

■ 组织内部是否有人能担任导师？还是我需要从外部聘用合适的人选？

箴言 **68**　迈克尔·**E.** 波特：制定策略

> 这条箴言旨在帮助大家设定清晰明确的目标。

迈克尔·E. 波特（Michael E. Porter，1947—　），哈佛商学院教授，同时也是经济学家、作家及演说家，声名显赫。他最为著名的是五力理论模型，这个模型是组织分析与战略发展的框架。他指出：

"优良的策略来自于正确的目标。（而）策略的实质是选出不做的事情。"

以上箴言中的两句话虽然在形式上独立，但语义却彼此相关。

学以致用

■ 许多管理者认为组织的总体目标显而易见，不值得细究，这是错误的想法。组织一直在变化，变化速度有时很快，有时却像冰川移动一般缓慢。但无论怎样，组织在变化。因此，每个组织应当每一年或每两年重新思考下主要目标是什么，并就此达成一致。

■ 很明显，要达成组织的主要目标，需要先实现一系列子目标。遗憾的是，一些管理者未能将组织的宏观目标分解成对员工有意义的子目标。这种缺乏明确度的做法意味着员工将无法全面领会他们所做的工作对组织实现总体目标的意义（详见箴言 44）。这会造成内部工作混乱和次优化的问题。每个组织目标都应当有清晰的定义，并需要与所有相关员工沟通清楚。管理者必须将其分解为适合员工的子目标。

■ 给自己和员工的目标下定义时可以使用 SMART 目标确定法。比如，目标必须是：

——具体明确的；

——可测量的；

——可实现的；

——切实可行的；

——有时限的。

■ 设定目标时常常出现的最大问题是管理者们想要事无巨细地对目标进行测量和控制。学着拒绝，遵循杰克·韦尔奇的建议（详见箴言 30），关注一些核心目标就好。关注的目标越少意味着每个目标得到的关注越多，这将增大其实现的可能。

■ 倘若拒绝实现组织目标的核心项目，就会受到制裁。然而，为了新思路和新方向能够被发现并得到评估，你需要在严控变化与应对突发事件（详见箴言 65）掌握好平衡。

问题反思

■ 我和我的员工是否知道我们的组织目标是什么？是否了解在实现该目标时各自的职责是什么？

■ 我为自己和员工确定目标有多精确/清晰？

箴言 69　温斯顿·丘吉尔：策略评估的必要性（十大箴言之一）

这条箴言旨在提醒大家：实现目标后，对目标进行反思的价值所在。

温斯顿·丘吉尔（Winston Churchill，1874—1965）最近被选为有史以来最伟大的英国人。他是政治家、作家、演说家及诺贝尔奖得主。他还创造了许多一直在英语中被沿用的表达。他下面这句话不算他的最佳语录，但是，这句话强调所有组织有必要对他们的决策与策略进行反思的重要性，组织需要从成功中学习经验、从失败中获得教训。他说：

"无论一个策略看上去多么天衣无缝，你都要时不时查看结果。"

学以致用

■ 许多年前，当我还在学习如何成为一名会计师时，当时的热门话题之一是英国工业在对决策实践进行反思这方面有多失败。40 年以来，情况似乎并没有太多好转。许多公司几乎不在决策制定后或策略执行后进行反思。有些人辩称根本没有时间。但是我倾向于这是为自己找借口的一种表现。他们不想为差劲的决策担责。这很遗憾，因为他们如果不能反思自己的成功与失败，他们等于放弃了一次非常好的学习机会。应当一直进行事后反思，就算没有特别有价值的结果，依然要做。

■ 对成功的决策或策略进行反思时，请考虑以下方面：

——突发因素与成功之间有多大关联度？

——如果没有这些外部因素，本次决策是否算是一次失败的决策？

——在决策或策略制定过程中，我为什么没能找出这些外部因素？

——我是否将这些突发因素的收益进行了最大化？还是我对它们反应过慢？

——为了最小化在未来错失类似信息的概率，我该如何提升数据收集能力？

——我能从本次成功的角色和策略中汲取哪些方法、思路和经验（最佳方法），并且能在今后继续应用并与同事分享？

■ 对于不太成功的决策与策略：

——那些突发事件使我偏离正轨到什么程度？

——我是否有能力预测出这些突发事件？如果有，我没有发现他们的原因是什么？是我数据收集能力不够，还是我太自负？

——我是否在检验衡量决策风险，制定处理策略上投入了足够的时间？

——在本次失败中，我吸取了哪些能够与同事分享的经验教训？

■ 这些评估不需要非常正式或冗长。但是你应当在自己的学习笔记中将主要收获记录下来。这么做将帮助你提升未来业绩，并为你的隐性知识储备提供宝贵数据。

问题反思

■ 我所在的组织是否有进行事后反思的规定？如果没有，为什么？

■ 就像外科医生做完手术后所面临的选择一样，我会选择掩饰自己的错误还是从中吸取教训？（公平地说，外科医生总是能兼顾二者，即掩饰错误又吸取教训。）

总结

据说我们都会从自己的错误中吸取经验教训，对此我并不确定，或者说至少我不确定每个人都能这么做。能从自己的错误中吸取经验教训的人是那些肯克服困难来反思的人，他们会反思到底是哪里出了问题，以及如果想要在将来避免同样的错误，他们需要做出哪些调整。这是非常宝贵的一种学习态度，因此我将丘吉尔的话纳入十大箴言。

"无论一个策略看上去多么天衣无缝，你都要时不时查看结果。"

——温斯顿·丘吉尔

从错误中吸取经验教训的确是很好的事情，但我们还要在成功中有所收获。高尔夫是一项神秘的运动，没有谁知道打高尔夫的所有秘诀。也许这就是许多好球员会在打出一杆好球后直接回味打球姿势的原因。他们想要将打出最佳切削球的记忆植入他们的肌肉中，希望下次有需要时能够直接提取该记忆。你也该做同样的事情，对你所做的某些成功的决策和行为，并在将来遇到类似情况时提取这类知识。

以往鉴来

从本质上来说，所有规划都是不准确的。因此，不要再追求规划 99% 的准确性方面投入过多的时间和资源。规划准确度达到合理范围后适可而止，着手为可能出现的突发事件做应急预案，同时将一支完全有能力高效迅速处理突发事件的员工队伍安排就位。

第九章

权力与影响力

简介

过去，人们若在社交场合公开谈论与性、政治或宗教有关的话题是非常不礼貌的。今天，权力似乎代替性成为了礼貌社交中的禁地。在平等的年代，没有人愿意提及这个话题，更别提承认他们也在别人身上行使自己的权力。然而，政治权力和管理权力一直都存在。每个老板都有权力去炒员工鱿鱼，而且数据显示大多数丢工作的人与陷入严重财政困境近在咫尺。这意味着如果管理者决定行使权力，他们绝对有潜力将自己掌握的重权行使到员工身上。

在本章中：

■ 箴言 70~72 讨论的是管理者可以在员工身上施加的三种管控，即权威、权力和影响力。

■ 箴言 73 讨论如何抵御来自上级的压力。

■ 箴言 74 认为每位员工都经历过这样一段时光：当管理者想要达成对他们而言十分重要的目的时，就要站出来反抗那些掌握实权的人或那些想要保持现状的人。

■ 箴言 75 想说明的是失去权力是多么简单的一件事。

最后，阅读本章时，你也许会想要反思自己行使权力的方式。你想要昭告天下你手握权力？还是你想记住查尔斯王子说的这有关权力句话？

"知道真实情况的人越少，就越容易挥舞权力与权威之棒。"

——查尔斯王子

假设你已经实现了自己的目标，你真地愿意像乔治·W.布什总统说的那样让别人知道"我才是那个'说了算的人'"吗？

然后承担这个特定头衔背后的所有烦恼?

还有一事值得牢记，你越拿自己的权力说事儿，大家对你的信任度就越低。因为，正如玛格丽特·撒切尔所说的那样：

"掌握权力就像做淑女一样，如果你不得不告诉别人自己是淑女的话，你便不再是淑女了。"

箴言 70　马克斯·韦伯：谈权威

> 这条箴言旨在帮助大家指出适用于管理者的几类权威。

卡尔·埃米尔·马克西米连（马克思）·韦伯（Max Weber），德国社会学家、哲学家和政治经济学家，他的工作对社会学理论及研究产生了重大影响。他发现了权威的三种形式：

"（个人魅力型权威）是一种属于个人的与生俱来的卓越天赋。（为了将个人魅力型权威与其他权威区别开来，他以下面这句话作为开头）人们愿意听从此类人的安排，不是因为传统美德或法规条例，而是因为他们相信这些人。（传统权威）是过去永恒的权威。（法律权威）是理性创建的规则。"

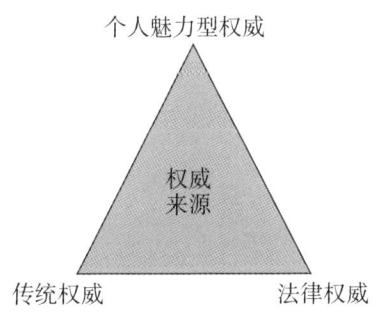

学以致用

■ 在每个关键词里，找出你所掌握的权力级别：

——别以为你缺少个人魅力。你不必通过变成外向表演型的人来获得个人魅力。当领导展现出正直的品质及关心下属的一面时，员工会被他们所崇拜的领导所吸引（详见箴言 36）。

——传统权威是基于家庭关系或"某个特殊群体的会员"形成的。当一个组织由家族或特殊群体的成员经营时，除非你通过婚姻进入或获准加入该特权俱乐部，否则你不可能进入该组织的顶层。

——你的法律理性权威取决于你所在的职位，比如，你的职位可能是团队领导、管理者或董事会成员。

——要知道大多数管理者几乎不具备传统权威。所有管理者至少会拥有一些个人魅力，比如使得他脱颖而出的管理素质。根据岗位级别，所有管理者都有一定程度的法律权威。

■ 继续提升你的个人魅力型权威（详见箴言 71）。

■ 确定你是否真的想待在一个由传统权威统治的组织，在这里你的命运将由家庭出身或是否拥有特权俱乐部的门票来决定。

■ 明确你的法律权力界限，并愿意将该权力发挥到淋漓极致。很少有管理者被告知他们已经越权。员工喜欢被"有影响力的领导"引领。高管们迫切需要能够抓住要害并有所成就的管理者。但是需要注意的是，如果出了问题，就是你该为越权承担责任的时候了。

■ 要么行使权力，要么放弃权力。有的管理者会因为要指挥员工而感到不舒服。作为管理者，你的全部工作就是去指导员工的行为。如果不这么做，员工便会忽视你。

问题反思

■ 我是否因为要指挥员工而感到担心？如果是的话，这种担心从何而来？我又能对此做些什么？

■ 我拥有哪些个人魅力型权威的特质（诚实、正直、忠诚、善于交际、幽默、关心下属）？我可以怎样提升自己的个人魅力？

箴言 71　小约翰・弗伦奇与伯特伦・雷文：社会权力的五个来源

> 这条箴言旨在帮助大家识别权力的来源及所拥有的权力级别。

弗伦奇（John. French Jr.）和伯特伦（Bertram Raven）在 1960 年就社会权力的来源合著了一篇影响深远的论文。下面这条箴言涉及他们最重要的成果，即当你拥有不同来源的权力时，它们会产生一种协同效应，这样你的权力将大幅扩张。他们指出：

"我们必须要指出不同权力间的相互关系及影响……一种权力总是在你所拥有的其他权力之上。"

这五种由弗伦奇和雷文提出的权力来源分别是：

■ 典范权，即由个人魅力权。领导的个人魅力吸引了下属，下属视领导为榜样并模仿他们的行为。

■ 法定权。此类权力来源于一个人在组织中的职位，当他放弃该职位时，其合法权也随之失效。

■ 专家权。来源于一个人所拥有的别人没有的专业知识或技能，当这些专业知识与技能不再被需要时，专家权随即失效。

■ 强制权。指当下属无法满足领导的要求时，领导能够通过制裁进行威胁且能强制执行制裁的权力，比如解雇某人。

■ 奖励权。与强制权相反，指能够奖励员工的权力，比如提拔员工。

学以致用

■ 尽可能多的积累各种你能积累的权力，因为当你拥有两到三种权力时，会产生一种协同效应，是一种"2+2=5"的情况。斯大林获得并掌握的权力包括职位权、共产党专家权及政治强制权。

■ 遗憾的是，没有几个人拥有汤姆·希特勒斯顿或阿黛尔那样的个人魅力。但是，个人魅力存在于旁观者心中。因此，思考一下如何向你的员工、同事以及其他人展示自己（详见箴言13）。如果你的一举一动散发出自信、诚实、公正、正直及幽默，员工就会尊重你，这就是个人魅力的第一步。通过你自己的言行举止，为大家树立一个令人向往的形象或一套令人赞赏的人生观。

■ 明确你手中合法权或职位权的界限。假装你很期待别人对你唯命是从，避免露怯。除非你真的越界了，否则没有人会跟你说你已越权。所以要不停试探，直到有人喊停为止。

■ 明确你有何种专家权。如果你已经获得一些职业资质，比如会计证、律师证或工程师证，想想可以进一步获得哪些资格证来锦上添花，这么做能够帮助你填补组织中的技能或知识空白。

■ 明确你手中强制权的界限。不要用强制权来欺凌或恐吓员工，但是，告诉员工必要时你会选择惩罚或解雇的方式来解决问题。惩一便能儆百，之后你会发现只需要心平气和的谈话便能解决大多数人的问题。

　　■ 明确你能给员工提供何种奖励。奖励不一定都通过奖金来体现。员工非常重视你对他们的信任，比如你能倾听他们提出的建议，或者他们的建议能够对你产生影响。

问题反思

　　■ 我现在拥有哪种权力？我是否利用了手中的权力？

　　■ 我还能够积累哪种权力？

箴言 72 罗宾·夏玛：影响力的力量

> 这条箴言旨在成为大家引领员工的默认选项。

罗宾·S. 夏玛（1965— ），作家、夏玛领导力咨询公司创始人。下面这条他的箴言区分了硬权力和软影响的区别：

"领导力有关效力、影响力及鼓舞人心的能力。效力涉及结果，影响力是要把热情传递到工作中，同时还要振奋团队与客户的心。"

当你提出要求时，权力能迫使别人为你做事。但是，这会营造一种恐惧文化，工作环境会变得让人不开心。相反，影响力却能在你提要求时说服别人为你做事。这么做也许耗时稍长，但能在管理者与员工中建立更加和谐的关系。

学以致用

■ 只在影响力无效时诉诸权力。在紧要关头，直接用权力解决问题。

■ 与每位员工建立良好的关系可以为有效发挥影响力做铺垫。关心他们的工作、事业、学习、家庭及娱乐方式。但更重要的是要找出能够激发出他们积极性的要素，并适时为他们提供这些要素。

■ 找出你与员工的共同兴趣点和（或）类似的背景，比如你们是不是在同一所学校读过书？你们是不是都喜欢音乐或足球？你们是否有类似的培训经历？

■ 让员工相信你是他们中的一员。员工与和他们价值观与信仰一致的人能够产生更好的互动。如果你表现得过于聪明，他们会怀疑你是否能够真正理解他们。

■ 让员工对你的存在感到放松又舒服。通过积极倾听的方式表明你对他们说的所有内容都感兴趣，比如，听完后提几个问题，请他们解释你不明白的地方。

■ 允许员工参与各种对他们有影响的决策（详见箴言 51、箴言 54），无论这个决策是多么微乎其微。这么做就像给员工吃了定心丸，他们会感到被尊重、被重视，他们也会因此更加支持你的决策。

■ 利用互惠主义原理来做交换。比如如果你今晚多加了 1 小时班，礼拜五就可以早点下班。

■ 含蓄地展现你的专业知识，别让员工觉得你在炫耀。这种方式会让员工对你刮目相看，也更愿意在讨论任何与你的专业知识相关内容时倾听你的建议。

■ 收集员工的主意和建议，并在合适的时候表扬他们的观点和看法。

■ 处理与员工有关的问题时，争取找到双赢的解决办法，而不是得到零和的结果。用一点奖励权来赢得员工的合作，这并不违反职业道德（详见箴言 71）。确保别让员工要价太高。

问题反思

■ 我需要影响的员工中的领头羊是谁？

■ 如果我拉拢了领头羊，他们是否能够将员工的支持传达给我？还是我需要直接去影响员工？

箴言 73 尼科洛·马基雅维利：论生存

> 这条箴言旨在帮助大家在组织内政权转移时躲过一劫。

尼科洛·马基雅维利是意大利动荡时期的政治家、外交家及作家，许多人称他为现代政治学的奠基人。他在自己最著名的作品《君主论》中为领导者如何生存给出了如下建议：

"狮子躲不过陷阱，狐狸打不过狼群。因此一个人必须变成能看出陷阱的狐狸，能打败狼群的狮子。"

你首先要确定的是，自己是否愿意为了自保而采纳马基雅维利的建议。下面我会阐述是，想要生存的话，该如何在大多数情况下当狐狸，偶尔又变成狮子。

学以致用

■ 不要自欺欺人或被别人的花言巧语迷惑。你必须看清自己面前的形势，并采取相应的行动。只有这样你才能有效应对当前的威胁（陷阱），为将来做计划。

■ 永远不要停止思考和工作。利用空闲时间明确自己和组织的优劣势及面前的机遇与威胁，然后规划下这些问题出现时自己该如何应对。

■ 与其相信朋友，不如相信老对手。你取得成功的时候，朋友总会因为你没有足够肯定他们对你成功的作用而愤懑。然而，如果与宿敌和平相处，并且以朋友的方式对待他们，他们会对你展示忠诚。

■ 要注意一点，如果你曾帮助别人夺权，他们会铲除这类曾经帮助过他们的人。为什么？因为这些人一旦对领导的新职位变得愤愤不平，且认为他们才应当坐领导的位子的话，便会带来风险。

■ 如果你的上司是为达到目的不择手段的人，你一旦没有利用价值时，他们会毫不犹豫地抛弃你。因此，你必须源源不断地提供他需要的东西，不要给他们任何质疑你忠诚度的理由。

■ 如果你加入了新组织，明确你的权力，通过将旧管理层的残存势力斩草除根来铲除一切威胁。如果你曾是旧管理层的成员之一，通过与过去划清界限的方式来向新领导表忠心。

■ 铲除一切可能构成威胁的人或事，绝不能给他们（它们）任何增加危险系数的机会。许多高管会在上任一年内换掉整个管理团队，为的是向组织和员工显示他们的权威。

问题反思

■ 在应对人和事方面，我有多么马基雅维利主义？

■ 我对权力的游戏了解得够多吗？我该如何自保？

箴言 74 阿尔伯特·爱因斯坦：为什么应当与权力抗争

> 这条箴言旨在提醒大家在必要的时候颠覆现状。

阿尔伯特·爱因斯坦（Albert Einstein，1879—1955）也许是整个 20 世纪最著名的科学家了。身为科学家的他认识到想要取得进步，必须挑战既得利益群体或个人心中的正统观念。因此他说：

"对于权威不假思索地推崇是真理最大的敌人。"

伟大的管理者是在挑战现状与推陈出新中诞生的。我在下文中举了一个改变的例子，因为大多争议都是与改变现状有关的。

学以致用

■ 如果你问一个人"你为什么这样做"，他们会回答"因为我们一直这么做"。你发现这就像用 50 英镑买一台生锈的洗衣机，是时候做出改变了。

■ 不要为了改变而改变，或者为了给你的简历增光添彩而改变（详见箴言 61）。只在需要改变的时候改变。

■ 如果你想改变现状时，权力本身或你的员工挑战了你，不要望而却步。他们往往能从阻止改变中获得既定利益。而且，他们的呼声越高，他们就越有可能把你提出的改变视为对他们安于现状的威胁。

■ 明确那些会支持或反对你改变的力量，并评估他们的相对权力水平（详见箴言 61）。

■ 牢记一点，在有人能够吸收多种权力的地方，会产生协同效应，他们很有可能成为你的劲敌或挚友（详见箴言 71）。

■ 利用勒温的力场分析法找出支持和反对变化的人。

■ 首先拿出一张纸，在中间画一条线。在线的右边列出反对
你的力量，并对每项进行打分。然后在线的左边列出支持你的力
量，并对每项进行打分。

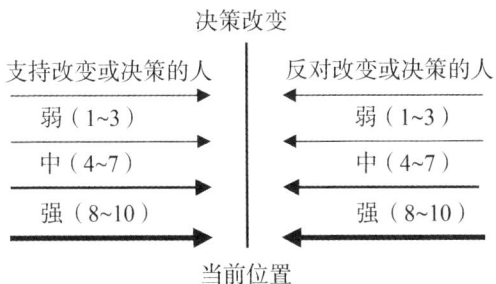

决策改变

支持改变或决策的人	反对改变或决策的人
弱（1~3）	弱（1~3）
中（4~7）	中（4~7）
强（8~10）	强（8~10）

当前位置

■ 一览表做好后，思考下你可以怎样削弱或破坏反对变化的
力量。同时思考可以如何加强或增加支持的力量。在这里，我们
可以知道组织中的哪些权力对我们极为有用。如果你能说服或影
响关键人物加入你的阵营，他们将很可能把他们的支持者也带到
你的团队。

■ 不要公开透露你的想法或建议，除非你确定：①你已经找
出了所有潜在弱点，并且对如何解决这些问题有了答案；②你已
经制衡住了你的反对者。有必要的话，拖到你集结了更多支持时
再行动。

问题反思

■ 我是否知道组织里谁拥有权力？

■ 为了得到管理者们和同事们的支持，我是否为拉拢他们付
出了很多？

箴言 75 罗莎贝斯·莫斯·坎特与索福克勒斯：怎样做会导致你失去权力(十大箴言之一)

> 这条箴言旨在提醒大家：有些行为能够轻而易举地夺走权力。

罗莎贝斯·莫斯·坎特，哈佛商学院教授，她最著名的是在变革管理方面的研究。变革总是意味着要改变现有的东西。而且想要实现变革，你需要权力。因为她曾经说过：

"权力是一种可以把事情做好的能力。"

伟大的希腊剧作家索福克勒斯提出的观点却与上面这句话形成了对比，他认为一位领导者应当：

"永远不要强迫自己去做做不到的事情。"

我将在下面分析这两条箴言之间的联系。

学以致用

■ 如果你在行使权力时发现并不能执行自己的意愿，你便失去了权力。无法服从命令将毁掉一个人的权力，速度几乎快得像一杆成功的进球。这是一种无论付出什么代价都必须避免的事情，是只打能赢的仗。

■ 如果说权力是把事情做好的能力，那么拒绝用自己的权力做任何事，也许这是第二种快速失去权力的方法。作为管理者，你有某些权力来源（详见箴言 70~72），但如果你永远不行使权力，它将变得又老又钝。你必须让手里的权力保持锋利。

■ 从你被任命担任新职务的那一刻起，你就要展示你的权力。员工们都很想知道你会怎么做。他们将很快对你做出判断，即使判断有误，他们也将在你纠正错误的观念时从中作梗。能够避免这种状况的一个办法是正式宣布上任。效果如何取决于你能掌握的权力来源（详见箴言 71）及你在组织中的职位。但别只宣布上任，还要跟大家强调或说明你上任后将做哪些事情。你做这些事情时显得越轻描淡写，对员工们产生的影响就越大。

■　许多英国人或其他国家的人认为告诉别人怎么做是一件有点难又有点尴尬的事情，这超出了他们的教养或社会文化。一定要克服心理障碍！就算你全身心投入，管理依然是一件足够有难度的事情。而权力是你的军械库里最有效的武器之一。它不该是你的第一选择，但是当所有人和事达不到你的要求时，你必须敢于通过权力来强迫别人服从你的指挥。除非你用权力用顺手了，否则你会觉得这简直难如登天。

■　如果你的指令被忽略了，不要将强制权当作第一选择。过早强制员工服从实际上会逐渐破坏你在员工与同事中的可信度。把强迫别人做事当作核武器，不到最后一刻绝对不要拿出来——但是当情况实在不堪的时候，要舍得用起来。

■　如果只有一个人反对你，关起门来解决问题。如果有一个人带动一群人反对你，当着大家的面杀鸡儆猴。也许这种做法有些伤人，但效果绝对很好。

问题反思

■　我在发出指令和加强服从方面有困难吗？

■　有没有哪个人或哪个群体反对我的指令？我该怎样处置他们？

总结

我将箴言 75 中的两条箴言选为十大箴言，因为它们合二为一后为管理者敲响了警钟，警示他们失去权力多么容易。

"权力是一种可以把事情做好的能力。"

——罗莎贝斯·莫斯·坎特

但是，对于管理者而言，以任何形式不行使权力或对自己的权力三缄其口都将导致权力消亡，直到有一天，管理者想要行使权力时才发现，员工早已将它视作无物。

"永远不要强迫自己做无法执行的事情。"

——索福克勒斯

无法使你的指令得到执行或难以命令员工的情形会彻底摧毁管理者在员工与同事心中的可信度。因此，在有人质疑你的执行力时，千万不要发号任何施令。

很明显，玛格丽特·撒切尔也许是过去 70 年间权力最大的首相，但是她忘记了这条原则，于是便在无法执行人头税政策这件事中一蹶不振。

以往鉴来

作为管理者，你必须弄清你的权威、权力及影响力来源，以及你能行使到何种程度。完成这一步后，你需要保护、维持并扩张你的权力基础。该行使权力的时候不作为将导致权力丧失。

第十章

将客户发展为伙伴

简介

在说下面这句话时，迈克尔·戴尔（Michael Dell）支持且重视彼得·德鲁克有关公司的主要目的是为了创造客户的这一看法（详见箴言1），他说：

"客户是你的未来，他们代表着发展的全新机遇、想法及途径。"

如果忽略了这条商业基本法则，你和你的组织就会陷入困境。本章的7条箴言全部与建立、维系并保护你与客户之间的关系有关。

■ 箴言76是检验现状，它强调客户是你赖以生存的基础。

■ 箴言77建议在任何关系中，聚光灯不应放在你自己身上，而是应当放在对方身上。

■ 箴言78讨论了服务体验不佳的客户是你尝试提升服务与产品质量的动机。

■ 箴言79~81分别用自己的方式关注与客户建立并维系良好的关系。

■ 箴言82探讨可以如何利用标杆管理的方法来为客户提供更好的服务。

阅读本章时，请站在客户的角度思考，你对从自己公司获得的产品、服务以及待遇是否满意？当你投诉时，你感觉这家公司把你当作一颗摇钱树还是大麻烦？

箴言 76 克莱顿·M. 克里斯坦森：客户是如何掌控你的组织的

> 这条箴言旨在提醒大家：客户的满意是最大的财富。

克莱顿·M. 克里斯坦森（Clayton M.Christensen，1952— ），美国学者、教育家、作家和商业顾问。他在管理学方面兴趣广泛，但当他说下面这句话时，聚焦的是客户对组织的重要性这个问题：

"企业行为的有效决定权掌握在客户的手里。"

本章一开始就将为你讲述如何与客户建立关系并维系好这种关系。值得强调的一点是，为客户提供高品质的服务可不是在给客户卖人情。客户才是你们之间这段关系的真正掌控者。

学以致用

■ 大型组织中的一个隐患就是许多员工与客户会越来越疏远。如果每个组织都能遵循罗伯特·汤森德的建议，要求所有刚入职的员工去一线工作两周，专门做一些直接与客户接触的工作，在此之后员工每三年或四年也都要再去一线学习。

■ 将客户摆在你所在组织中所有工作的核心位置。将"让客户满意"作为核心任务。看到这儿，也许有人会说："我的工作与客户无关，我做的是技术或研发。"但是，你确实有自己的客户。组织内接收你的汇报或服务的人就是你的客户，你应当把这些人当作客户。如果你提供的服务不佳，有关你的负面评价便会传开，然后你就会发现自己面临提升服务质量或被炒的压力。

■ 给包括高级员工在内的所有员工进行有关客户服务政策与程序的培训，这样的培训将会释放出一种更加强烈的信号，这样的信号比只是单纯地发送电子邮件或刊登公告都更重要。

■ 确保公司中的每个人在接到投诉后都能直接进行处理，而不是把电话转接到客服中心然后不闻不问。

■ 培训内容应当包括向员工解释清楚顾客的行为将怎样有效控制公司。员工们总是会忘记一个简单的真理：真正给他们付工资的人，为他们使用的新机器、新系统及所做的新研究买单的人，是客户。

■ 绝对不允许员工用不礼貌的态度与客户讲话。没错，在这方面总有些可以或者应该被分享的趣事，但是若有员工诋毁客户，绝不姑息。这是一种轻视客户的表现，如果风气蔓延开来，会变成组织文化与认可管理中的一部分。到那时候，这种根深蒂固的态度将很难再被斩草除根。

■ 从本章中选择一些你觉得有用的想法，并把它们融入你自己的客户服务程序中。

问题反思

■ 我对客户服务问题有多关注？

■ 我是否认为客户服务很琐碎，一有人向我提起我就迅速打断这个话题，并且觉得这无关紧要？

箴言 77 戴尔·卡耐基：为什么最重要的不是自己（十大箴言之一）

这条箴言旨在提醒大家：与客户建立良好沟通渠道的重要性。

戴尔·卡耐基（Dale Carnegie, 1888—1955）是管理学畅销图书《如何赢得朋友并影响他人》的作者。这本书被奉为销售人员的圣经。但书中内容不仅与销售与关，还包括如何构建并维系良好的人际关系，因为这是所有商业活动成功的基础。他指出：

"学会在两个月内对别人感兴趣后，你的业务成交量将比在两年内让别人对你感兴趣的成交量多得多。"

我们总是喜欢跟别人聊自己，聊我们的成功，聊我们的问题。我们都喜欢愿意倾听的朋友，这有什么好奇怪的？

学以致用

■ 你有两只耳朵一张嘴，因此，在与客户交流时，你在倾听上花的时间应当是在说话上花的两倍。这将促进你们之间的关系，你的销售额也将提升。

■ 让你的客户定日程。鼓励他们多说说生意上的事，聊聊你的产品和其他供应商的产品。幸运的话，他们会告诉你他们心中想让你制造什么样的产品。这将帮助你了解他们的真正需求，也将带来现有产品的改变或新产品的研发。

■ 记住，你只说不听的话将一无所获。所有新知识都是通过倾听获得的，所以一定要学会倾听。当别人停下来不说话时，别坐在那儿想你接下来要说什么。别人说的时候你仔细听，然后针对他们的话提问题，多了解一些信息或把没听清楚的地方问清楚。这么做表明你对他们的话感兴趣。

■ 与客户保持联络。就算你并没有什么想要推销的东西，也要定期与客户沟通。谁知道你们会聊些什么呢？他们也许会提到一个问题，而你恰好能提供帮助。一拍即合！于是便有了一次计划外的销售外加一位感激不尽的客户。发展关系的方式有很多，你可以发电子邮件、打电话、亲自拜访或参与社交活动等。

■ 建立信任。要一直信守承诺，不要食言，哪怕赔钱。要为最好的客户提供最好的待遇，而不是去利用他们。

■ 对客户保持坦诚。客户遇到问题时，第一时间把你了解的告诉他们。如果你回答不了这个问题，不要糊弄他们，告诉他们你不知道，但你会弄清楚然后回复他们。

■ 当客户提出批评建议时，别急着辩解。将他们的意见和建议看作一次重新构建良好客户关系的机会，把问题解决到让他们满意为止。

■ 通过各种奖励方式来表明你对客户忠诚度的认可，包括更高的折扣，更好的付款条件及特别优待等。

■ 为每位客户建立档案，了解客户的发展趋势。

问题反思

■ 我多久与客户交谈一次？多久拜访他们一次？

■ 我是确保我的已有客户得到最好的待遇还是把这些优待给新客户？

箴言 78 比尔·盖茨：我们能从不悦的客户身上学到什么

这条箴言旨在提醒大家：不悦的客户才是最佳信息源。

比尔·盖茨（Bill Gates，1955— ），微软公司联合创始人、商人和慈善家，他认为：

"对你的服务最不满意的客户是你的最佳信息源。"

没有人喜欢被批评，但如果你能放下自负，不急于争辩，仔细听听别人的话，你便能受益匪浅。

学以致用

■ 正如箴言 77 所说的那样，你有两只耳朵一张嘴，使用频率应参照二者的比例，在面对不满意的客户时尤其如此。

■ 即使已经组织了专门的投诉处理团队，也要就如何解决客户投诉对每位员工进行培训。你永远无法预测客户会在何时何地进行投诉。

■ 别让客户在投诉前必须忍受一大段提前录好的语音内容，还要等待很长时间，简化客户与员工直接进行交谈的流程。

■ 如果你启用了电话服务中心，要求所有员工必须训练有素，你或你的员工必须监控整个培训过程。绝不允许员工只会照本宣科。

■ 可能的话，将电话服务中心设置在国内或其他近距离的地方。客户不想和来自世界另一端的人交谈，肯定也不愿意泄露隐私。将你的服务与第一直销银行（First Direct Bank）进行比较

（详见箴言 82）。

■ 了解客户不满意的原因并及时道歉。不要急于辩解，客户的批评对事不对人。

■ 更重要的是，生气的客户只想：①宣泄自己的不满或怒气；②解决问题。如果不搞清楚问题到底是什么，你不可能解决的。因此，仔细听客户说完，当他们说完后，将你对事件的认识反馈给客户，比如"所以您想说的是不是……"。

■ 通过提问来弄清事件中不明确的点。除非对话已被录音，否则一定要记录谈话要点。

■ 询问客户认为能解决问题的做法是什么。许多人想要的只是道歉、换货及相应的赔偿。就安抚客户并维系他们的忠诚度而言，这个小小的代价还是付得起的。

■ 如果你无法立刻解决问题，告诉客户你打算怎么做以及什么时候能回复他们，言出必行。

■ 如果你已经做到了以上所有内容，接下来你便需要做一份详细准确的投诉记录。记录下投诉信息并进行周度或月度分析。分析的要点是：

——可能会导致重复性问题的模式——如果已经发现了一项，需要从源头解决这个问题；

——有关如何提升产品或服务品质的观点；

——有关新产品的观点；

——有关竞争对手的情况及他们所研发的新产品的信息。

问题反思

■ 我多久复审一次客户投诉？

■ 我是否认为客户的批评对人不对事且（或）急于申辩？

箴言 79 汤姆·彼得斯：在做出承诺时留有余地，在履行承诺时给人惊喜

> 这条箴言旨在提升客户对你和你的组织的认知。

汤姆·彼得斯也许是 20 世纪末最成功的管理学大师。他对许多管理学问题都很感兴趣，但是他最大的兴趣点莫过于客户服务。为了让客户感到满意，他建议企业应当一直：

"在做出承诺时留有余地，在履行承诺时给人惊喜。"

学以致用

■ 别对你的产品夸大其词，这只会令客户大失所望，还能可能带来投诉。无论如何，客户很可能再也不会相信你的组织了。

■ 找出在履行承诺时能给客户惊喜的方式，比如：

——提前将货物送到客户手中。

——将下单与送货期间的价格差退回给客户（没错，我知道这非比寻常，但是想想这么做能给客户带来怎样的震撼）。

——生产性价比超高的产品：天梭、斯柯达以及维氏这样的制造商都致力于生产价格公道且品质一流的产品。

——提供绝佳的售后服务。客户对产品所产生的体验将贯穿整个产品服务期，因此货物交付后的优质客户服务不是奢侈的附加服务，而是服务的最核心部分。

——及时处理投诉与退货（详见箴言 77）。不要与客户争执，采取他们需要的行动来解决他们的问题。当客户愿意跟你沟通有哪些问题时，这就是一个为你的组织加分的开端，不但不会影响

客户忠诚度，这些客户还会成为你们的最强大拥护者。

　　——始终坚守与员工、客户及供应商所达成的协议中的契约精神，你们讨论的范围不仅仅只有文字而已。这将取悦你的客户、吓跑你的对手，为你赢得朋友和新客户。

　　■ 通过特价优惠及加大折扣的方式为老顾客制造惊喜。不要提前剧透，而是突然把惊喜摆在客户面前。你将因此成为他们经常挂在嘴边的人。

　　■ 对客户忠诚。如果他们陷入暂时的困难，设法帮助他们摆脱困境。他们会将你铭记于心，这将巩固你们之间的关系。如果有一天落难的是你，他们也会伸出援手。

问题反思

　　■ 在我自己的事业中，我是否应当始终将"在做出承诺时留有余地，在履行承诺时给人惊喜"作为发展策略？

　　■ 我或我的组织每隔多久能在履行承诺时给客户制造一次惊喜？

箴言80 沃伦·巴菲特：哪种行为会令你名誉扫地

这条箴言旨在提醒大家：一失足成千古恨，一次不当的行为可能会令你的企业及其名誉毁于一旦。

沃伦·巴菲特不仅仅是历史上最精明的投资者，还是一位非常成功的商人，他将伯克希尔·哈撒韦公司从一个在20世纪50年代只有100美元注册资金的小公司发展成为现在这家资产高达数百亿美元的投资公司。巴菲特以其正直诚信闻名，他的公司在股东与他投资的其他公司间获得了非凡的声誉。无怪乎他想就个人与组织的名誉说些什么：

"建立声誉需要花20年的时间，毁掉声誉只需要5分钟。只要想到这一点，你做事情的方式便会有所不同。"

在生意场上，绝对遵守合约内容的契约精神才是一家企业最宝贵的资产，哪怕有时候合约对你不利。

学以致用

■ 你的名誉是否给你提供了竞争优势（详见箴言2）？记住，为了让竞争优势持续存在，你的名誉最好优于其他对手。与对手旗鼓相当可算不上什么优势。

■ 明确你想要为自己和组织建立怎样的声誉。假设你不是大毒枭或黑社会老大，你应该想让别人知道你诚实守信，对员工、客户、供应商及股东一视同仁，从不欺骗、误导或利用员工、客户及供应商，无论是你还是你的公司，不仅仅遵守合约的文字内容，同时遵守契约精神。如果说这样还不够，你将不得不在很长一段时间内向他们表示你的诚意。不过，一旦你声名鹊起，会有更好更赚钱的生意找上门。

■ 如果你想让自己的声誉一夜倾倒，你只需要让别人发现你谎话连篇，欺上瞒下。一旦你对客户、供应商和股东不诚实或诋毁他们，你会发现自己将花费成千上万甚至上百万的钱来进行公关。想想英国石油公司的深海地平线灾难和最初对待漏油事件令人惊愕的反应。或者再想想杰罗德·拉特纳，他在一次商务会议上透露，自己之所以能以 4.99 英镑的价格卖掉一个醒酒器、玻璃杯和托盘，是因为它们都是垃圾。不幸的是，即便是在那个社交媒体尚未出现的年代，杰罗德的失态也产生了极其恶劣的影响，英国每家新闻广播公司都报道了这件事，他的品牌在短短一年内在大街上销声匿迹。杰罗德自毁前程的行为成了经典的教科书案例，告诉人们轻视客户的下场，哪怕当时杰罗德只是开了个小小的玩笑。

■ 如果你一时失言，立刻道歉、澄清，并对因此造成的损失进行补偿。

■ 如果你在组织中有导师或者可信赖的同事，向他们了解下你在组织中的名声如何。

问题反思

■ 我对自己的声誉满意吗？我需要做些什么来提升？

■ 我对我的团队的声誉满意吗？我需要做些什么来提升？

箴言 81 杰夫·贝索斯：数字时代犯错的风险

> 这条箴言旨在提醒大家：你的企业与网络轰动事件之间只差一个错误的距离。

杰夫·贝索斯，亚马逊公司创始人、总裁，创建了以新兴科技为基础并在网上与客户交易的国际商业帝国。因此，当他跟我们说下面这番话时，我们应当洗耳恭听：

"如果有人认为自己受到了不公正待遇，他不会只跟5 个人说，他会把这件事告诉 5000 个人。"

学以致用

■ 防止小错误演变成大灾难。应当在打消耗战之前解决争端。

■ 如果你发现了某个影响众多消费者的重大问题，立刻通过社交媒体将此事公开。比起让众多客户在推特或脸书上对你们投诉，还是你自己曝光问题比较好。但是你必须迅速采取行动。2013 年 11 月 4 日的《时代周刊》上引用的一份报告显示，69%的商业危机将在 24 小时内传遍全球，而企业对危机的最初反应传遍全球只需要花平均 21 小时的时间。

■ 如果你经营的是一家大公司，雇佣专家来监控网络舆情。如果是小公司，网络监控过程可能需要请一位员工每天花一个或几个小时来完成，他需要了解你们公司的网络风评状况。不管是什么规模的公司，最重要的事情都是要做好舆情监控，同时对产生的问题迅速做出反应。

■ 绝不允许网络霸凌现象出现。如果批评不公平或不准确，一定要反驳。但如果真的是自己的问题，始终要记得火速道歉并给出相应补偿。

■ 不要在社交媒体上与问题揭发者争论不休，这简直就是火上浇油。我们都知道当一家大公司与一个敢于揭露真相的小人物对峙时，媒体将会偏向谁，哪怕你只是一家雇佣了 25 位员工的小公司。你的目标始终应当是控制火势并尽快灭火。

■ 电视剧《白宫风云》中的某一集非常有趣，讲的是当坏人向媒体发声后会产生什么后果，令人影响深刻。你应当列一份名单，名单上的人都是你授权的可以对媒体发声的人。也要列一份名单，弄清楚谁是定时炸弹，有必要的话一定要让这些人远离记者或社交媒体。每个组织中都能找到这样的人，我确定你肯定知道他们是谁。

问题反思

■ 组织里是否有与媒体有关的政策？如果有，我和我的员工对政策是否了解？

■ 如果你发现有问题正在酝酿，我是否知道应该先跟谁说？

箴言 82　沃伦·本尼斯：标杆分析法的价值所在

> 这条箴言适用于大家与市场领导者在具体领域内进行业绩对比时。

沃伦·本尼斯，美国学者、组织顾问、作家及领导力研究领域的先锋人物。他同时也对 20 世纪 90 年代盛行的品质运动颇感兴趣，并且建议管理者们从其他机构学习最佳实践，即：

"模仿其他组织的行为听起来像是商业间谍活动……但事实上标杆分析法既不违法，也不违反职业道德规范。"

标杆分析法是由弗雷德里克·泰勒在 20 世纪初期提出的。通过在椅子或在工作台上用粉笔做记号的方式，可以将工厂中的优秀工人与其他工人区别开来。这个记号代表着大家的认可，说明这位员工的工作质量很高，应当被其他人效仿。一个价值数十亿英镑的产业就是从这样一个不起眼的地方发展起来的。

标杆分析法主要有四个阶段：

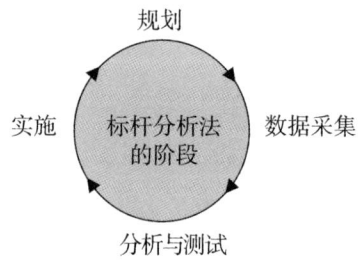

学以致用

■ 并不一定要和自己同行业的组织进行比较。例如，任何有客户的人都能从雷克萨斯汽车公司的客户服务方法中受益匪浅。

■ 通过以下的四步法来进行标杆分析法练习。

——规划阶段帮助你明晰自己想要参照的标杆，这个过程应尽量具体。比如，你要明确想要检测整个过程还是部分过程，然后确定一家在该领域声誉出众的企业，并探讨能了解他们如何工作的途径。设计合理的数据采集问卷、观察报告及会谈量表。

——数据采集阶段需要与你所确定的组织就以下问题进行交涉：你对敏感业务数据的访问级别，出于伦理道德考虑可能出现的问题及你的应对措施。本次调研中的任何人都不会以任何形式被伤害。

——分析与测试阶段应该进行数据总结与分析，同时要找出任何能够提升你公司业绩的实践方法。和一小群人一起进行这项工作，包括一两个能够担任变革模范（变革拥护者）的一线员工（详见箴言 57）。在小范围内对一些观点进行测试，有必要的话进行修改，然后开始让尽可能多的员工参与进来。

——实施阶段是你和团队要实施你所发现的新想法的阶段。逐渐开始实施工作，在最后揭晓答案时，让尽可能多的员工参与进来。这将使他们产生主人翁意识，也能让你和你的团队与所有重要的利益相关者保持联系。通过 SMART 目标分析法（详见箴言 19）来监控实施过程。

问题反思

■ 我是真的想做一番事业，还是只是说说而已？

■ 我自己是否总是取得优秀的工作成绩来做出好榜样，并期待其他员工和我一样？

总结

我将本章中戴尔·卡耐基的箴言选入十大箴言，因为这条箴言总结出了你与客户建立关系的基础，即：

学会在两个月内对别人感兴趣后的业务成交量，将比在两年内让别人对你感兴趣的成交量多得多。"

——戴尔·卡耐基

不要抢风头。相反，把所有光环都让给客户，使他们在每次会面或对话中都像星星一样闪闪发光。这么做的目的是让他们认为你是最好的聊天对象，因为你总是认真听他们说话，他们在谈话结束后感觉非常良好。他们会认为真的有人愿意听他们不得不说的那些话。在这个世界上，大多数人几乎没有被认真倾听过，倾听真的是一剂特效药。

以往鉴来

如果你对客户的问题、需求及想法表现出真正的兴趣，你必然会与他们做更多的生意，有更好的交情。

第十一章

博采众长

简介

　　我认为本章的 8 条箴言极其重要且富有深意。它们有两个共同点：每一条箴言都与其他箴言截然不同；每一条箴言都简单明了，因此不需要花太多篇幅来讲解它们的含义或用法。因此我把它们比作 8 颗小而完美的钻石。

　　本章中一个典型的案例来自罗伯特·汤森德，他提出：

　　"顾问就是那个借你的手表告诉你时间，然后拿着你的手表离开的人。"

　　此外，本章中没有被纳入"十大箴言"的条目。原因很简单，全书一共有十一章，但是只有十大箴言，我只能忍痛割爱了。

　　考虑到本章中使用的各种箴言很难被分为一类，或许，最好的办法是找出两三条与你工作经历有关的作为参考。

箴言 83 埃斯维·普雷斯利：你需要什么样的专家

> 这条箴言旨在让大家知道：任命外部顾问之前，需要准确定位你的需求。

埃维斯·阿伦·普雷斯利（Elvis Presley，1935—1977）是粉丝心目中的猫王，也是 20 世纪非常重要的文化偶像。埃尔维斯并不以他的商业头脑而闻名，但他指出：

"我需要的不是保镖，而是两个训练有素的注册会计师。"

埃维斯知道，随行人员为他提供了重要的保护，他自己也随身带枪防身，所以他认为自己不需要保镖，他真正需要的是来自税务部门的保护。

学以致用

■ 不要雇佣你不需要的专家。通常，公司内部有专门的技术来研究他们正努力解决的问题。不幸的是，许多管理者认为，外部专家肯定比公司内部的任何人都要优秀。毕竟，他们每天收费 1000 英镑以上，他们一定很好。在许多情况下，这种假设是不正确的。进行外聘前一定要确认组织内部是否有人能胜任这项工作。

■ 明确你需要的专业知识类型。如果你真正需要的是一名 IT 或财务专家，那就不要聘请通才管理顾问。令人惊讶的是，这种情况发生的频率如此之高，而且起因往往是从审计公司购买非会计服务。

问题反思

■ 我个人或组织，是否被全能管理顾问的概念所迷惑？

■ 我是否利用管理顾问来推动我的进程？

箴言 84 艾琳·C. 夏皮罗：避免被新潮的管理理念误导

> 这句箴言旨在提醒大家：现成的解决办法很少奏效。

艾琳·C. 夏皮罗（Eileen C. Shapriro）是美国一位商业顾问，著有《会议室里的时尚潮流》一书。正如夏皮罗所说，企业界越来越喜欢在组织外部寻找问题的现成答案。夏皮罗对此感到忧虑：

"思考一定是世界上最困难的事情。人们往往想要像外包工程一样把思考的任务外包出去。"

20 世纪 80 年代，管理变得时尚起来，因为管理者都希望有可以治疗老毛病立马见效的灵丹妙药。其结果是，管理者越来越倾向于从组织外部寻找问题的答案。

学以致用

■ 思考不易，但问题总有组织内部的解决办法。解决问题需要外部引导，但管理者应有能力设计解决方案。

■ 现成的解决方案很少能达到预期的效果。然而，如果你或你的公司决定走这条路，你需要做两件事：

——准确找出你要解决的问题；

——不要完全否掉你提供的解决方案，择其善者而从，方案中好的方面也将在你的组织文化中发挥作用。

■ 不要总想一蹴而就，好方案是改出来的。

问题反思

■ 我个人或者组织是否被时兴的管理理念裹挟了？

■ 相较于处理问题而言，我花多长时间思考问题？

箴言 85 约翰·皮尔庞特·摩根：为什么在报告中应该想方法而不是找问题

这条箴言旨在提醒大家：管理层想知道怎样能把事做好，而不是为什么做不好。

约翰·皮尔庞特·摩根（John Pierpont Morgan，1837—1913），美国金融家、银行家，19 世纪后半叶和 20 世纪主导了美国的金融行业和工业整合。摩根之所以建立起庞大的帝国，靠的是不会因为受到限制就退缩的勇气：

"我不想听律师告诉我不能做什么。我聘请他的目的是想让他告诉我如何能做我所想。"

学以致用

■ 永远记住，组织希望管理者是问题解决者，而不是问题制造者。

■ 会计有两种类型：一种告诉你为什么不能做某件事，另一种告诉你如何做某件事。大多数职业也是如此，包括银行家和律师。在任命员工或外部专家时，向他们提出一个业务问题，并征求他们的意见。除此之外，尽量少说。你会期望任何优秀的专业人士列出他们看到的困难。然而，与那些更关心确定前进道路的人相比，反对者会花费不成比例的时间来描述问题。组织往往会任用向前看的人。

问题反思

■ 别人做事时，我是在找方法还是找问题？

■ 我的员工是在为别人找方法还是提问题？

箴言 86 彼得·德鲁克：思考与反思的价值

这条箴言用以作为不断提高管理技能的理想办法。

彼得·德鲁克或许是管理学领域最深刻思想家。他指出：

"遵循有效行动，安静反思。这样做出的行动会更有效。"

学以致用

■ 大多数管理者都过度紧张，注重行动，但不爱自省。他们宁愿处理最新的问题也不去反思上一个问题。但是，没有每天留出时间认真反思，这是错误的。反思将帮助你成为一个更有效的管理者，从长远来看，这将节省更多时间。

■ 写学习日记。在日记中记录重大事件和决定，对其进行简要的分析。例如：事情进行顺利吗？发生了什么糟糕事呢？下次我该如何改进？我怎样才能去粗取精？

■ 如果你没有时间反思自己在工作中做了什么，那就在回家路上花 10~15 分钟想想白天发生了什么。

■ 通过定期反思，你将从成功和失败中吸取教训，当你退休时，人们会对你说："公司失去了 45 年的宝贵经验。"如果你不反思和吸取自己的经验教训，他们在背后会说："他只不过把一年的经验重复了 45 次！"

问题反思

■ 一周内我花多长时间反思自己所做的事情？

■ 反思会让我显得很不自信吗？如果是，为什么会这样，什么时候会有证据证明反思是有用的呢？

箴言 87 亚伯拉罕·马斯洛：要做最好的自己

> 这条箴言旨在提醒大家：每个人只有一次生命，不应该把它花在自己厌恶的工作上。

亚伯拉罕·马斯洛（Abraham Maslow，1908—1970）最广为人知的成就是创造了他的需求层次结构，这个结构的顶端是自我实现。至少未能实现自我可能会导致失望和不快，即：

"如果你对自己的预期达不到你能力的上限，你可能会一辈子都不快乐。"

学以致用

■ 确定你属于以下哪一类人：①少数人，在年少时就知道自己想做什么；②大多数人，掌握了把某件事做好的技能，然后将其变成一生的工作；③其他人，永远找不到自己擅长/感兴趣的东西。

■ 如果你属于前两类人，那么你是幸运的。然而，真正的幸福并不仅仅来自于做你想做的事，而是在于尽你最大的能力去做，所以要有高目标。你可能会失败，但这比每次都低目标成功更令人满意。

■ 第三类人很可能是无意中进入了他们的工作岗位。通常，他们会说"我的工作没问题，起码足够付房租了"。如果你是这么想的，应该问自己："我真的想把我的余生花在这份工作上吗？"如果答案是否定的，那就明确你想做什么，然后去做。

问题反思

■ 我工作只是为了还房贷吗？

■ 如果上述问题答案是肯定的，我是否有决心、动力和勇气去做出改变？

箴言 88　艾伦·莱文斯坦：数据不代表一切

> 这条箴言旨在提醒大家：要对所有的统计数据保持怀疑态度，尤其是你想要的真实数据。

艾伦·莱文斯坦（Aaron Levebstein，1913—1986），巴鲁克学院工商管理学教授，作家。在他最令人难忘的一句箴言中，他指出：

"统计数据就像比基尼。他们所展示的只是一部分，最重要的部分却被挡住了。"

基本上，他是说统计数据可以用来迷惑和误导读者。这在几年前一份英国报纸的一个文章标题中得到了很明显的体现，那篇文章的标题是《英国一半学校的水平低于平均水平》。

学以致用

■ 不要接受任何一套表面数据。找出数据是如何收集和分析的，以及可以对其做出哪些不同的解释。这将意味着要与准备这些数据的人交谈。对于常规的报告，只需要这样做一次，然后可能至少每年一次，以确认数据的收集方式没有发生任何变化。对于一次性报告，需要每次都这样做。

■ 通过这种方式确定数据，你将理解别人所提供的信息的实际含义（详见箴言 55），并能够评估你对这些信息的依赖程度。找出其中的弱点，并向那些声称你忽略了数据的人，做出解释。

问题反思

■ 我是否完全明白自己所收到的统计报告及财务报告？如果

没有，我该跟谁说呢?

　　■ 我是接受别人给我的统计信息和财务信息，还是批判性地评估这些信息?

箴言 89　戴维·帕卡德：推广的重要性

> 这条箴言旨在提醒大家：员工会把你视为组织的代表。

戴维·帕卡德（David Packard，1912—1996）是惠普公司的创始人之一，威廉·休利特是该公司的总裁、首席执行官和董事长。根据帕卡德的经验，他认为：

"市场营销很重要，但不能只由市场部门负责。"

帕卡德并不是建议你炒掉你的营销部门/团队。相反，他是在建议，每一个工作人员都应该发挥作用。

学以致用

■ 在社交媒体时代，每一位员工都必须意识到他们的行为可以反映出公司的情况，并在 24 小时内传遍全球（详见箴言 81）。

■ 让组织里从清洁工到首席执行官的所有人都认识到，他们是公司的代表，他们对待利益相关者的行为，乃至他们的私人生活，都可能会影响大家对公司的看法和判断。例如，许多年前，我决定不再乘坐某家廉价航空公司的航班，因为我发现它的 CEO 令人讨厌，他们又因为 CEO 丢掉了多少像我这样的潜在客户呢？

■ 相反，如果一名工程师在聚会上被人们逼问自家公司生产的机器为什么出了故障，他应该捍卫公司名誉（虽然这不是他的分内事），了解问题并加以解决。

问题反思

■ 我和员工可以做些什么来推广组织及产品？

■ 我和员工是否接受过专门培训，来处理来自利益相关者的
投诉？

箴言 90 阿莱·凯：失败的意义

> 这条箴言旨在提醒大家：最深刻的教训往往是从失败中学到的。

阿莱·凯（Alay Kay，1940— ），美国计算机科学家，图灵奖得主。他指出：

"如果你 90% 的时间都没有失败，那么你的目标就不够高。"

学以致用

■ 采用美国人对待失败的态度。在英国，失败被认为是可耻的。那些失败的人很少会回来接受更多的仪式性羞辱。然而，在美国，失败被视为一个学习的机会。事实上，许多非常成功的企业家在他们成功之前都经历过两三次失败。

■ 用你的学习日志分析你的错误和失败，找出你做错了什么。也许你没有做错什么，是你无法控制的事情把你难住了。不管怎样，从失败中学习。

■ 全面发挥潜力并不容易，甚至接近这个目标也不容易。如果你的目标是做到最好，你很可能会失败。但是，这难道不比从不尝试或满足于一长串平庸的成就（详见箴言 87）要好得多吗？

■ 不要把失败看成是针对你个人的。这不是对你或你的性格的反映。许多名人在成功之前都失败了。温斯顿·丘吉尔在 1940 年成为英国首相之前，经历了几次巨大的失败，才将英国乃至整个欧洲从纳粹统治下拯救了出来。

问题反思

■ 我是把失败抛诸脑后继续前行，还是纠结于过去的失败停滞不前？

■ 是只有成功能让我得到尊重和喜爱吗？如果是的话，有哪个朋友或家人在失败后就离你而去了呢？

总结

排在十大箴言之后的第十一条箴言是阿莱·凯对失败价值的看法。

在第二章中，我选择了亨利·福特关于自信的名言作为十大箴言。我选择福特的这句话是因为，如果没有自信，或者缺乏至少是表面上的自信，管理或领导他人是非常困难的。也许正是这种脆弱的自信让很多人对失败保持警惕，他们害怕即使一次失败也会毁掉他们的一生，所以他们从不冒险，也从不把宝押在一个好主意上。这会阻碍前进的道路，因为我们知道，大多数企业家和领导者在成功之前，都会在经历一两次失败。他们把这些失败当作宝贵的学习机会，之后变得更坚强、更明智。

以往鉴来

不要害怕失败。

十大管理学智慧箴言

我选出的十大箴言是见仁见智的。除了第十一章外，我决定从前十章每章选出一条纳入十大箴言。这是不是表明我对"11"这个数字有偏见呢？我也无法确定。列出十大箴言的重点在于这么做确实妙趣横生。

然而，也许你想要亲自尝试每条箴言，就像它逼你做出评估一样。当然，考虑到读者们的工作环境大不相同，因此大家认为有用的箴言必然各不相同。

箴言1	**彼得·德鲁克**："一家公司存在的意义是要创造（并留住）客户。"	这句话阐明了所有业务的核心目的，即利润来自客户。
箴言14	**亨利·福特**："认为自己行或者不行的人都没错。那么你是前者还是后者?"	福特认为，如果你缺乏自信，或者看上去不够自信，就无法成为一名管理者。
箴言25	**沃伦·巴菲特**："有人说雇佣员工时只需关注他们是否符合以下三点即可：诚实守信，聪明伶俐及精力旺盛。不具备第一点而只有后两点的员工会让你吃不了兜着走。仔细想想这句话，的确如此。如果你雇佣了缺乏诚信的员工，他们的优点若没有用在正道，都会变成缺点。"	这句话告诉你招聘员工时应该注意哪些事项，同时提醒你，尽管员工可能是你最大的资产，但糟糕的员工可能毁掉你的职业生涯和公司。

续表

箴言33	**沃伦·本尼斯**："最危险的观点就是认为领导者是天生的……这就意味着我们已断定一部分人天生便具备这种特质，一部分人则没有。这么说是不准确的……领导者是后天培养的，而非先天遗传的。"	挑战经理人是天生而非后天培养的神话。这也提醒我们，许多年前，我们不再相信贵族天生就应该统治我们。
箴言77	**戴尔·卡耐基**：学会在两个月内对别人感兴趣后的业务成交量，将比在两年内让别人对你感兴趣的成交量多得多。"	这句话提醒你，过度自负会妨碍你进行可靠决策、有效管理、合理规划与产品销售。
箴言75	**罗莎贝斯·莫斯·坎特**："权力是一种可以把事情做好的能力。"	这句话指出了最容易失去权力的途径，即展现你的无能。
箴言45	**弗雷德里克·赫茨伯格**："真正的激励来源于成就、个人发展、工作满意度及他人的认可。"	这句话提醒你，激励与薪酬和工作环境无关。
箴言53	**玛丽·帕克·福利特**："我们决不能让自己被非此即彼的思想占据。往往有比这两者更好的选择。"	这句话提醒你，你不只有两个选项。
箴言61	**尼科洛·马基雅维利**："变革者的敌人包括所有从旧秩序中获益之人，以及将从新秩序中获益的不冷不热的捍卫者。"	这句话提醒你，要提前想好策略来应对那些从变革失败中获益的人。
箴言69	**温斯顿·丘吉尔**："无论一个策略看上去多么天衣无缝，你都要时不时查看结果。"	这句话提醒你，要一直对自己使用的策略进行评估。就算策略奏效了，或许还有更好的选择。

最后，我想与大家分享我自己在本书中的箴言。这句话来自

猫王埃维斯·普里斯利：

　　"理想是指装有 8 缸引擎的梦想。"

　　这是一幅多么生动的画面呀——我对这句话的喜爱程度远远超过了《英国疯狂汽车秀》。

图书在版编目（ＣＩＰ）数据

90 条智慧管理箴言 ／（英）詹姆斯·麦克格拉斯(James McGrath) 著；柳菁译. — 长沙：湖南科学技术出版社，2021.1
（小书大智慧管理丛书）
ISBN 978-7-5710-0829-1

Ⅰ.①9⋯ Ⅱ.①詹⋯ ②柳⋯ Ⅲ.①管理学－箴言－汇编 Ⅳ.①C93

中国版本图书馆 CIP 数据核字(2020)第 226537 号

著作权合同登记号：18-2020-062
中文简体字版权专有权归湖南科学技术出版社所有
THE LITTLE BOOK OF BIG MANAGEMENT WISDOM
978-1-292-14843-4 by James McGrath, Copyright © James McGrath 2017(print and electronic)
This translation of THE LITTLE BOOK OF BIG MANAGEMENT WISDOM is published by arrangement with Pearson Education Limited.
Simplified Chinese Translation copyright © 2021 by Hunan Science&Technology Press.
ALL RIGHTS RESERVED

小书大智慧管理丛书
90 TIAO ZHIHUI GUANLI ZHENYAN
90 条智慧管理箴言
著　　者：[英]詹姆斯·麦克格拉斯
译　　者：柳　菁
责任编辑：杨　旻　李　柔
出版发行：湖南科学技术出版社
社　　址：长沙市湘雅路 276 号
　　　　　http://www.hnstp.com
湖南科学技术出版社天猫旗舰店网址：
　　　　　http://hnkjcbs.tmall.com
印　　刷：长沙鸿和印务有限公司
　　　　　（印装质量问题请直接与本厂联系）
厂　　址：长沙市望城区普瑞西路 858 号金荣企业公园 C10 栋
邮　　编：410200
版　　次：2021 年 1 月第 1 版
印　　次：2021 年 1 月第 1 次印刷
开　　本：880mm×1230mm　1/32
印　　张：8.25
字　　数：181 千字
书　　号：ISBN 978-7-5710-0829-1
定　　价：45.00 元
（版权所有·翻印必究）